ISBN : 2-7384-9107-3

Les sectes et le droit familial

Collection Logiques Juridiques
dirigée par Gérard MARCOU

Le droit n'est pas seulement un savoir, il est d'abord un ensemble de rapports et pratiques que l'on rencontre dans presque toutes les formes de sociétés. C'est pourquoi il a toujours donné lieu à la fois à une littérature de juristes professionnels, produisant le savoir juridique, et à une littérature sur le droit, produite par des philosophes, des sociologues ou des économistes notamment.
Parce que le domaine du droit s'étend sans cesse et rend de plus en plus souvent nécessaire le recours au savoir juridique spécialisé, même dans des matières où il n'avait jadis qu'une importance secondaire, les ouvrages juridiques à caractère professionnel ou pédagogique dominent l'édition, et ils tendent à réduire la recherche en droit à sa seule dimension positive. A l'inverse de cette tendance, la collection « Logiques juridiques » des Éditions L'Harmattan est ouverte à toutes les approches du droit. Tout en publiant aussi des ouvrages à vocation professionnelle ou pédagogique, elle se fixe avant tout pour but de contribuer à la publication et à la diffusion des recherches en droit, ainsi qu'au dialogue scientifique sur le droit. Comme son nom l'indique, elle se veut plurielle.

Dernières parutions

GAROT Marie José, *La citoyenneté de l'Union européenne*, 1999.
SATCHIVI Francis Amakoué A., *Les sujets de droit*, 1999.
LEVIS Danièle, *Terre des hommes du grand Océan*, 1999.
LASCOMBE Michel, *Droit constitutionnel de la Ve République*, 1999.
BERGUIN Francis, *Le fonctionnaire expatrié*, 1999.
HOURQUEBIE Fabrice, *Les organes spécialisés dans les affaires communautaires des parlements nationaux. Les cas français et allemands*, 1999.
LAURENT Marie-Line, *Les emplois-jeunes : nouveaux contractuels de l'administration*, 1999.
Alette HEYMANN-DOAT, *Génétique et droits de l'homme*, 1999.
Vigile PACE, *L'organisation mondiale du commerce et le renforcement de la réglementation juridique des échanges commerciaux internationaux*, 1999.
Raymond COULON, *Des droits de l'homme en peau de chagrin*, 2000.
Armand MBARGA, *L'indemnisation publique des victimes d'infractions*, 1999.

David Epailly

Les sectes et le droit familial

L'Harmattan
5-7, rue de l'Ecole-Polytechnique
75005 Paris - FRANCE

L'Harmattan Inc
55, rue Saint-Jacques
Montréal (Qc) – Canada H2Y 1K9

INTRODUCTION

LES SECTES ET LE DROIT

" Le monde est entièrement mauvais, il faut éviter les relations avec lui, qu'elles soient sociales, politiques ou culturelles. Le Seigneur vient bientôt, il vaincra l'Antéchrist, et inaugurera le Millenium"
extrait de doctrine de la secte Darbyste[1]

La proximité d'un changement de millénaire serait-elle favorable à un regain du sentiment religieux ? La question mérite d'être posée quand on constate l'essor récent du "phénomène sectaire" qui n'est pas sans rappeler l'intense ferveur spirituelle qui avait accompagné le passage à l'an mil. A la fois objet de méfiance et de fascination, les sectes ont été maintes fois étudiées de l'intérieur, par un décryptage de leurs croyances et de leurs pratiques.
Nous n'ajouterons pas à ces travaux souvent remarquables[2] et tenterons plutôt une analyse extrinsèque afin de comprendre comment les sectes sont perçues par le reste de la société. Pour mener à bien cette étude, l'approche juridique semble particulièrement appropriée : d'abord parce que le droit est un révélateur précis des acceptations et des craintes émises par le peuple dont il est l'émanation. Ensuite parce qu'il constitue un régulateur efficace de ces sentiments et permet de les concilier, dessinant ainsi la fragile frontière du tolérable.
Nous aborderons donc les différentes hypothèses dans lesquelles la matière juridique va être confrontée à la doctrine d'une secte ou ses applications.
Auparavant, nous essaierons de nous familiariser davantage avec le phénomène sectaire au travers de ses origines, de sa définition et des classifications dont il fait l'objet.

---

[1] Cf. Yves DE GIBON, Jean VERNETTE, "Des sectes à notre porte", Ed. Chalet, p. 13.
[2] Cf. Jean VERNETTE, "Les sectes" ,Ed. Presses Universitaires de France, collection "Que sais-je ?".

I LA NOTION DE SECTE

Nous tenterons de cerner le phénomène au travers de sa définition et de sa typologie.

DEFINITION DES SECTES

La définition du mot secte a beaucoup évolué et ne fait pas encore aujourd'hui l'objet d'un consensus doctrinal. En outre, il n'existe pas de définition légale ni jurisprudentielle des sectes, encore qu'une évolution récente vient peut-être de changer la donne :

DEFINITION JURIDIQUE

Absence de définition normative : Il n'existe en France aucun texte qui définit ce qu'est une religion, qu'il s'agisse de religion au sens courant du terme ou des nouveaux mouvements religieux que sont les sectes. Cette situation est inhérente au principe de laïcité de l'Etat présent dans plusieurs textes tels que l'article 10 de la Déclaration des Droits de l'Homme et du Citoyen : *"nul ne doit être inquiété pour ses opinions, même religieuses, pourvu que leur manifestation ne trouble pas l'ordre public"* ou l'article 2 de la constitution du 4 octobre 1958 : *"La France assure l'égalité devant la loi des citoyens, sans distinction d'origine, de race ou de religion."*
Il a résulté de ces principes la loi du 9 décembre 1905 sur la séparation de l'Eglise et de l'Etat prévoyant que *"La République assure la liberté de conscience et garantit le libre exercice des cultes."* et qu'elle *"ne reconnaît ni ne subventionne aucun culte"*.
Aussi, l'Etat ne définit-il pas les religions pour éviter toute discrimination entre elles et conserver, de la sorte, sa neutralité.

Evolution récente : Ce refus de qualification vient peut-être d'être remis en cause par un arrêt de la Cour d'Appel de Lyon du 28 juillet 1997[3]. Celui-ci considère en effet qu'une religion se

[3] CA LYON, 28/03/1997, Dalloz 1997, p. 197.

caractérise par la coïncidence de deux éléments : une assemblée de croyants et une foi commune. De plus, il reconnaît que l'Eglise de Scientologie, pourtant habituellement considérée comme une secte, peut se prévaloir du titre de religion.
Si cet arrêt faisait jurisprudence, il en résulterait d'une part, la possibilité pour un juge de dire ce qu'est une religion, ce qui est critiquable au regard des principes précédemment évoqués, et d'autre part, la reconnaissance de l'absence de distinction juridique entre secte et religion.
La cour suprême ne s'étant pas prononcée, il convient de rester prudent sur l'existence d'une éventuelle définition juridique des sectes, qui ne sera de toute façon pas aisée si l'on en juge par les difficultés d'approches doctrinales.

DEFINITIONS DOCTRINALES

La définition du mot secte a beaucoup évolué et ne semble pas encore véritablement stabilisée.

Définitions "objectives" : En partant de l'origine latine *sequi* signifiant "suivre", on peut envisager les sectes comme "*un groupe de personnes qui suivent le fondateur d'une doctrine, généralement en réaction contre un système antérieur* ". Il en est ainsi du judaïsme par rapport aux religions mésopotamiennes ou égyptiennes, du christianisme par rapport au judaïsme etc.[4]
Au sens historique du terme, la secte se caractérise comme *"un mouvement de protestation et de dissidence contre les églises et la société qui déçoivent et la recherche d'un Ailleurs ou d'un Autrement"*[5]. Cette approche induit l'idée d'une séparation d'avec les cultes traditionnels sans préjuger de la valeur des nouvelles croyances

Définitions "subjectives" : Les définitions "objectives" ont progressivement été remplacées par d'autres approches, engagées

---

[4] Cf. Philippe GAST, "Les sectes et la démocratie", Petites affiches, 19/10/1994, p. 14.
[5] Cf. Yves DE GIBON, Jean VERNETTE, "Des sectes à notre porte", p.10.

ou péjoratives, qui ont associé la notion de secte avec celles de danger et d'obscurantisme. Cette évolution peut s'expliquer par les débordements parfois graves causés par certains groupes sectaires. Elle est aussi la conséquence de préjugés à l'égard de ces mouvements ainsi que d'une couverture médiatique médiocre ne montrant des sectes que leur côté insolite, spectaculaire ou inquiétant. Dès lors, certains auteurs, les associations de défense et même la commission parlementaire Guyard, chargée de leur étude, ont défini les sectes uniquement par rapport au danger qu'elles sont susceptibles de représenter.

Ainsi, pour M. Alain Goyard, la secte est *"un groupe qui garantit sous la conduite discrétionnaire d'un mage, d'un ordonnateur, d'un chef, d'un maître spirituel en principe grave et vénérable mais parfois bizarre et inquiétant, le plein épanouissement psychique, somatique et moral de l'individu moyennant une adhésion sans réserve, assortie d'une contribution forfaitaire indéterminée ou d'une rétribution régulière indéterminée ou même d'une rétribution en nature."*[6]

Dans le même ordre d'idées, l'Union Nationale des Associations pour la Défense des Familles et de l'Individu définit les sectes comme *"un groupe dans lequel on pratique une manipulation mentale qui entraîne une destruction de la personne sur le plan physique et intellectuel, une destruction de la famille voire une destruction de la société soit en empêchant les adeptes de participer à la vie culturelle et sociale de leur pays, soit en leur demandant d'infiltrer tous les réseaux de la vie économique et, politique avec à la base une escroquerie intellectuelle, morale et financière*[7] *"*.

Quant au rapport Guyard[8], il assimile les mouvements sectaires à la notion de danger mais en utilisant cette fois une méthode différente, inductive, consistant à déterminer un terme à partir d'observations concrètes. La commission a donc fixé huit critères de dangerosité permettant, selon elle, de révéler l'existence d'une

---

[6] Cf. Alain GOYARD, "L'administration face aux sectes", Revue administrative n°293, p. 539.

[7] Cf." LE QUID 1998", p. 543.

[8] Rapport parlementaire du 10/01/1996, précité.

secte :
- la déstabilisation mentale,
- le caractère exorbitant des exigences financières,
- la rupture induite avec l'environnement d'origine,
- les atteintes à l'intégrité physique,
- l'embrigadement des enfants,
- le discours plus ou moins antisocial et l'importance des démêlés judiciaires,
- l'éventuel détournement des circuits économiques traditionnels,
- les tentatives d'infiltration des pouvoirs publiques

Appréciations : On ne peut que critiquer ces approches, sources d'amalgames hâtifs et de discriminations latentes. Le cas est même préoccupant en ce qui concerne la définition apportée par la commission Guyard car elle présente un caractère officiel et peut être amenée à avoir des conséquences juridiques. Un auteur, M. Philippe Gast, émet à son propos une série de réserves particulièrement pertinentes[9].

Il relève en premier lieu l'hypocrisie du choix d'une approche inductive, celle-ci revenant en fait à définir la secte comme le mouvement présentant un ou plusieurs des critères précités.

Il note ensuite que sur les huit critères évoqués seuls les quatrième et septième constituent des infractions pénales. Ainsi, on qualifie de dangereux, et donc de contraire à l'ordre public, des groupes de personnes n'ayant commis aucune illégalité. Dès lors, *"vont se retrouver sous le même vocable de secte des mouvements ayant véritablement commis des agissements illégaux et d'autres simplement suspectés de le faire. On aboutit alors à un amalgame risquant d'entraîner une remise en cause du principe de présomption d'innocence."*

L'auteur remarque enfin que certains de ces critères pourraient aisément s'appliquer à d'autres institutions, apparemment plus respectables, comme l'école (embrigadement des enfants) ou les grandes religions et les médias (manipulation mentale).

L'approche envisagée par la commission est donc pernicieuse car,

[9] Cf. Philippe GAST, "Le rapport Guyard et les principes d'égalité et de légalité en matière de secte", Petites Affiches 07/02/1996, p. 13.

sous couvert d'un souci légitime de protection de la société et des adeptes, les sectes sont placées en situation défavorable du simple fait de la connotation péjorative du terme qui les désigne. Pour éviter cet inconvénient il nous semble préférable d'avoir recours à une définition "sociologique" de la notion. Aussi, tout au long de nos développements, entendrons-nous par secte "l'ensemble des personnes qui font profession d'une même doctrine"[10]. Cette dénomination nous permettra d'évoquer les pratiques sectaires mais aussi d'analyser les origines et les classifications de ces différents mouvements sans porter de jugement de valeur a priori.

TYPOLOGIE DES SECTES

L'essor récent de cette spiritualité d'un nouveau genre s'explique par des raisons très diverses tant dans leur nature que dans leur vraisemblance. Aussi convient-il d'étudier les causes du phénomène sectaire avant d'aborder sa situation.

LES CAUSES DU PHENOMENE SECTAIRE

Origine du phénomène : Les sectes sont sans doute nées avec la pensée humaine et la croyance en un créateur. Malraux disait d'ailleurs, à ce propos, que "la question du sens de la vie ne peut prendre qu'une forme religieuse".
Mais au-delà de cette formule, le développement actuel du phénomène sectaire peut s'expliquer par la conjonction de nombreux facteurs qui dépassent le seul sentiment religieux.
Nombre d'adeptes se tournent vers les sectes pour trouver une forme de solidarité et de fraternité qu'ils ont perdue dans les structures plus classiques de notre société.
Les crises cumulées de l'économie, avec son lot d'injustices et d'exclusions, des valeurs, avec l'explosion de l'individualisme et les mutations successives de la famille, et des "religions traditionnelles", auxquelles on attache souvent intolérance et immobilisme, ont sans doute contribuées à l'engouement pour cette nouvelle forme de spiritualité.

---

[10] Cf. Définition du dictionnaire LITTRE.

LA SITUATION DU PHENOMENE SECTAIRE

Statistiques : D'après le rapport Guyard [11] il y aurait en France 178 sectes et 800 groupuscules assimilés. De plus, le nombre d'adeptes serait de 160 000 auxquels il faudrait ajouter 100 000 sympathisants, ce qui constituerait une hausse de respectivement 60% et 100% par rapport à l'année 1982.[12]
Ces chiffres sont cependant à manier avec précaution :
D'abord, parce qu'il est toujours difficile de mesurer l'exact impact d'un courant de pensée, quel qu'il soit.
Ensuite et surtout, parce que seules sont prises en compte les sectes présentant une certaine dangerosité, définie par référence aux critères fixés par la commission.
Enfin, parce que le terme même de secte est délicat à cerner et peut donner lieu à des interprétations très différentes dans leurs acceptions sociales et juridiques.

Classification des sectes : A l'augmentation croissante du nombre de sectes s'ajoute une large diversité qui rend difficiles les tentatives de classification. Plusieurs analyses ont néanmoins été proposées qui répartissent les sectes selon leur origine (judéo-chrétienne ou orientale) ou qui distinguent de façon descriptive les mouvements de réveil (visant à régénérer une religion ancienne en en faisant une application plus rigoureuse) ; les sectes guérisseuses (qui rejettent les formes de médecine traditionnelle et préconisent une vie plus proche de la nature) ; les mouvements gnostiques (formés autour de "celui qui connaît parce qu'il a eu une révélation") et les religions orientales basées sur la méditation.
Nous préférerons utiliser la distinction opérée par le sociologue Bryan Wilson basée sur les différentes façons qu'ont les sectes d'atteindre le salut ainsi que sur l'attitude qu'elles adoptent à l'égard

[11] Cf. le rapport rendu par la commission parlementaire présidée par M. Alain GEST visant à étudier le phénomène sectaire : "Les sectes en France", Ed. "Patrick Banou".
[12] Cf. Circulaire 29/02/1996, Journal officiel de la République Française 05/03/1996, p. 3409.

du monde extérieur[13] :

- les sectes **conversionnistes** se proposent d'atteindre le salut par la voie de la conversion intérieure (ex. : les Pentecôtistes).
- les sectes **manipulatrices** cherchent le salut dans un repli sur la seule communauté religieuse après une rupture totale avec la "société corrompue" (ex. : les Dévots de Krishna).
- les sectes **thaumaturgiques** attendent le salut d'un sauvetage miraculeux de Dieu et n'ont donc recours à aucune médecine (ex. : l'Antoinisme).
- les sectes **réformistes** proposent une réforme du monde à partir d'une reconstruction de la société, basée sur les seuls sentiments religieux (ex.: Les Amis de l'homme).

Cette analyse est précieuse car elle caractérise les différents comportements des sectes à l'égard de la société : rejet, ignorance ou aspiration au pouvoir. Confrontée à ces attitudes, la communauté sociale va réagir et tenter de contrôler tant les idées que les pratiques sectaires sans attenter pour autant au principe de liberté de religion. C'est là tout le problème des rapports, existant ou devant être mis en place, entre les sectes et le droit.

[13] Cf. Jean VERNETTE, "Les sectes", coll. Que sais-je ? PUF 1997, p. 16.

II LES SECTES ET LE DROIT

Cette question présente une certaine difficulté car elle met en cause deux intérêts antagonistes mais juridiquement protégés. Ainsi, convient-il de garantir la liberté des adeptes, non seulement dans le choix de leurs idées, mais aussi dans leur mise en œuvre. A l'opposé, il est parfois nécessaire de protéger la société contre les sectes lorsque leurs activités nuisent à l'intérêt général ou que les adeptes sont l'objet de maltraitances de la part de leur propre groupe.

En résumé, les rapports entre les sectes et le droit semblent pouvoir s'analyser sous l'angle du respect mutuel.

Les règles juridiques se doivent de respecter les sectes en vertu des principes fondamentaux que sont les libertés de penser, de culte et de religion sans lesquelles aucune organisation démocratique n'est envisageable.

A l'inverse, les sectes ont le devoir de respecter les fondements de l'ordre public et de préserver l'intégrité physique et morale de leurs disciples.

LE RESPECT DES SECTES PAR LE DROIT

De multiples textes, nationaux et européens, protègent les libertés de penser et de pratiquer un culte. Néanmoins, leur application par les Etats et leurs juridictions est parfois imparfaite et laisse subsister certaines discriminations.

LES TEXTES PROTECTEURS DES LIBERTES DE PENSEE, DE CULTE ET DE RELIGION

En droit international : Le texte majeur est sans doute la Convention Européenne des Droits de l'Homme qui dispose, dans son article premier, que les droits définis par elle sont reconnus à toutes personnes, et, dans son article 14, que *"leur jouissance doit être assurée sans distinction aucune fondée notamment sur le sexe, la race, la couleur, la religion, les opinions politiques et toutes*

autres opinions, l'origine nationale ou sociale, l'appartenance à une minorité nationale, la fortune, la naissance ou toute autre situation".
De même, l'article 9 de la C.E.D.H. indique que *"toute personne a droit à la liberté de pensée, de conscience et de religion ; ce droit implique la liberté de manifester sa religion ou sa conviction individuellement ou collectivement, en public ou en privé, par le culte, l'enseignement, les pratiques et l'accomplissement des rites".*
L'article 19, du Pacte International relatif aux droits civils et politiques reconnaît lui aussi les trois libertés précitées. Il en est de même de la Déclaration Universelle Des Droits de l'Homme qui y ajoute : *"Le droit de répandre sans considération de frontière, les idées par quelque moyen que ce soit".*
Enfin, le préambule de la Déclaration sur l'élimination de toutes les formes d'intolérance et de discrimination fondées sur la religion ou la conviction, considère que *"la religion ou la conviction constitue, pour celui qui la professe, l'un des éléments fondamentaux de sa conception de la vie"* et que *"la liberté de religion ou de conviction doit être intégralement respectée et garantie".*

En droit interne : Les libertés de pensée, de culte et de religion sont protégées par l'article 10 de la D.D.H.C et les préambules des constitutions de 1946 et 1958. Surtout, la loi du 9 décembre 1905 relative à la séparation de l'Eglise et de l'Etat affirme dans son article premier que *"La République ne subventionne ni ne salarie aucun culte".* En outre, la loi du 1° juillet 1972 condamne *"les provocations à la discrimination, à la haine ou à la violence à l'égard d'une personne ou d'un groupe de personnes à raison de leur appartenance à une religion déterminée".*

L'ensemble de ces textes garantit donc non seulement la liberté de croire et de mettre en pratique sa croyance, mais aussi la neutralité de l'Etat en matière de religion, ce qui devrait, théoriquement, conduire à un principe général et absolu de non-discrimination. Les juridictions ont fait beaucoup d'efforts en ce sens mais il subsiste encore des différences de traitement fondées sur l'appartenance religieuse. Celles-ci touchent prioritairement les sectes mais aussi une croyances telle que l'Islam, dont le statut de religion n'est pas contesté mais qui souffre de n'avoir jamais fait l'objet d'une reconnaissance[14].

LA SUBSISTANCE DE DISCRIMINATIONS EN FONCTION DE LA RELIGION

Manifestations : Les discriminations religieuses se traduisent en France par le traitement particulier réservé aux sectes par rapport aux cultes plus "implantés". Elles se justifieraient par le "gros bon sens ", dénoncé par le doyen Carbonnier,[15] consistant à dire que l'on ne peut donner le même statut ni le même crédit aux "marchands de quatre saisons" et aux "commerçants établis". Certaines sources de droit font malheureusement état de cette philosophie :

Le rapport Guyard,[16] comme le rapport Vivien[17] qui l'avait précédé, a intelligemment exclu tout recours à une réglementation spéciale sur les sectes pour ne pas mettre à mal les principes de laïcité et de neutralité de l'Etat[18]. Cependant, par la définition qu'il donne et par la liste[19] qu'il livre des mouvements réputés dangereux, le rapport parlementaire aboutit au résultat qu'il souhaitait éviter. En effet, définir les sectes de façon spéciale, c'est déjà considérer qu'elles ne sont pas sur un pied d'égalité avec les autres religions. De plus, donner un caractère péjoratif à cette

---

[14] La loi de 1905 a supprimé les cultes reconnus mais ceux-ci ont néanmoins conservé certains avantages pratiques tels que l'existence d'un statut spécifique accordé aux ministres du culte.

[15] Cf. Note sous CA NIMES 10/06/1967, Dalloz 1969, p368.

[16] Cf. supra.

[17] Cf. Alain VIVIEN, "Les sectes en France, expression de la liberté ou facteur de manipulation" , rapport parlementaire du 11/07/1985.

[18] Cf. sur le sujet : Olivier-Louis SEGUY "Les obstacles juridiques à une loi générale sur les sectes", Petites Affiches 05/02/1996 et Isabelle ROUVIERE-PERRIER, "Vers un nouveau concordat : réflexion sur le problème des sectes", Petites Affiches 4/10/1995 p. 25.

[19] Liste donnée en annexe du rapport, reprend les principaux mouvements sectaires sans distinction de leur "passé juridique".

définition, en la basant sur la dangerosité, c'est risquer de donner à la justice un a priori négatif sur le mouvement avant tout examen des faits. Enfin, présenter une liste des sectes réputées dangereuses, alors même qu'elles ne feraient l'objet d'aucune condamnation, c'est prendre la place du juge, mépriser la légalité et, paradoxalement, inviter au sectarisme.

Les lois et la jurisprudence opèrent également des discriminations en ne traitant pas à l'identique deux entités selon nous similaires :

La similitude entre sectes et religions : Nous avons déjà vu que les sectes et les religions ont la même origine puisque ces dernières étaient, au départ, les sectes de religions plus anciennes. L'identité ne se limite cependant pas là et se manifeste aussi au travers des buts poursuivis : dans les deux cas il s'agira de *"relier collectivement les hommes aux Dieux par des croyances et par des cultes"* dixit Jean Carbonnier. Ensuite, toujours selon l'auteur, les critères de distinction tirés du nombre d'adeptes, de la nouveauté ou de l'excentricité des sectes, ne sont pas convaincants. On imagine mal, en effet, qu'il soit nécessaire d'obtenir un niveau minimal d'ancienneté ou d'importance pour avoir droit au statut de religion. En outre, si tel était le cas, on peut remarquer, à titre d'exemple, que les Témoins de Jéhovah existent depuis plus d'un siècle et que les Mormons représentent, aux Etats-Unis, une communauté de plusieurs millions de personnes. Quant au critère de l'excentricité, il manque évidemment de pertinence puisqu'une croyance religieuse, quelle qu'elle soit, se fonde sur l'irrationnel et le mystique. Dès lors, il n'y a aucune raison de prêter moins d'attention à ceux qui se disent investis par les extraterrestres qu'à celui qui prétend marcher sur l'eau et multiplier les pains. De même, il paraît difficile d'accorder plus de respectabilité à l'Ave Maria qu'à l'Haré Krishna[20], plus de crédibilité à l'eau bénite qu'aux amulettes et autres talismans.
Par ailleurs, on peut remarquer que les critères de dangerosité du

[20] Prière majeure de la secte des dévots de Krishna rendant grâce à "la puissance de félicité du seigneur" (Haré), "l'infiniment fascinant" (Krishna).

rapport Guyard conviennent, pour certains d'entre eux, assez bien aux religions traditionnelles : c'est le cas de la "manipulation mentale " lorsque les enfants sont soumis très tôt à un enseignement religieux approfondi ou de "la rupture induite avec l'environnement d'origine " qui décrit avec exactitude la vie dans un monastère ou un couvent.
De façon générale, le danger ne saurait être invoqué pour distinguer entre secte et religion, quand on se rappelle les ravages du catholicisme et de ses "missions" en Amérique du sud, les massacres quotidiens perpétrés au nom de l'Islam en Algérie ou les guerres de religion qui sévissent tojours en Israël ou en Irlande.
Enfin, la définition donnée par la Cour d'Appel de Lyon,[21] de ce qu'est une religion, favorise le rapprochement avec les sectes puisque les critères employés (communauté et foi commune) s'appliquent aussi à ces dernières.
On peut donc conclure que l'écart philosophique entre secte et religion est relativement faible et ainsi regretter les différences de traitement juridique qui subsistent parfois entre ces entités.

Les discriminations entre sectes et religions : Un premier exemple de traitement différencié réside dans la réglementation relative aux autorisations d'absence pour motifs religieux. En effet, les notes de service ministérielles prévoient l'octroi de ces dérogations pour les seules communautés israélite, musulmane et arménienne. Ces dispositions sont critiquables d'autant qu'elles entrent en contradiction avec les principes reconnus par la Convention Européenne des Droits de l'Homme[22] et le pacte relatif aux droits civils et politiques[23].
On peut également s'interroger sur le refus opposé par le Conseil d'Etat d'accorder aux sectes le statut d'association cultuelle. Dans un arrêt du 1° février 1985,[24] la juridiction administrative a en effet

---

[21] Cf. CA LYON, 28/07/1997, cité supra.
[22] Cf. Article 14 de la Convention relatif à la non-discrimination (cité supra).
[23] Cf. Article 26 du Pacte qui consacre l'égalité devant la loi et qui dispose que "la loi doit interdire toute discrimination" et "garantir à chacun une protection efficace contre toute discrimination (...) de religion".
[24] Cf. Conseil d'Etat, 01/02/1985, AJDA 1985.

considéré que l'association des Témoins de Jéhovah n'avait pas une activité conforme à l'ordre public ni à l'intérêt national et ne pouvait donc bénéficier du statut en question. Cet arrêt fut très critiqué en doctrine[25] notamment parce qu'il constitue un revirement de jurisprudence difficilement justifiable, l'octroi du statut étant jusque là accordé dès lors que l'association présentait un objet purement cultuel. Cette décision offre en outre, de façon implicite, la possibilité de reconnaître un culte, ce qui est contraire aux principes posés par la loi du 9 décembre 1905[26]. Enfin, ses conséquences sont dommageables pour la secte qui ne peut bénéficier des avantages attachés au statut comme la possibilité de recevoir des libéralités testamentaires, le droit pour les donateurs de déduire de leurs impôts une partie du montant des sommes allouées au culte, l'exonération de l'impôt foncier des édifices appartenant à l'Etat et affectés à la pratique religieuse, ainsi que l'affiliation des ministres du culte à un régime spécial de sécurité sociale.

Cette situation est choquante à plusieurs égards : on peut se demander en premier lieu si les différentes aides que nous venons d'évoquer ne contredisent pas le principe de laïcité. Pour exemple, notons qu'en Allemagne, les ministres du culte sont considérés comme des fonctionnaires et que les contribuables peuvent, s'ils le souhaitent, éviter de participer à leur rémunération et obtenir un dégrèvement d'impôt en établissant une simple "déclaration d'athéisme". Sans aller aussi loin, on ne peut admettre l'existence de ces diverses allocations qu'à la condition qu'elles soient réparties sans discrimination. Ce n'est évidemment plus le cas puisque le Conseil peut accorder le statut d'association cultuelle de façon quasi discrétionnaire en se fondant sur la très vague notion d'intérêt national.

Un autre type de discrimination entre anciens et nouveaux mouvements religieux se rencontre souvent lorsqu'il est question de la famille : en matière de divorce, l'article 240 du Code civil prévoit la possibilité de faire échec au divorce pour rupture de la

---

[25] Cf. Par exemple Isabelle ROUVIERE-PERRIER, Petites Affiches 10/8/1994, p. 45.

[26] Cf. supra.

vie commune lorsque celui-ci aurait pour l'autre conjoint ou les enfants *"des conséquences matérielles ou morales d'une exceptionnelle dureté"*. Appliqué à notre sujet, ce texte permet au conjoint de s'opposer à la désunion en invoquant ses convictions religieuses. Cependant, toutes les croyances ne sont pas dignes d'interdire l'application d'une loi de la République et certainement pas celles des disciples d'une secte. Bien au contraire, certaines décisions[27] ont un temps considéré que l'appartenance à un mouvement sectaire était constitutive d'une faute impliquant le prononcé du divorce aux torts de l'adepte. Depuis, sous l'influence de la Cour Européenne des Droits de l'Homme[28] et de la Cour de Cassation les choses ont évolué : la seule appartenance n'est plus fautive, les juges préférant désormais se référer aux pratiques effectives pour motiver leurs décisions. Malgré tout, la jurisprudence conserve une certaine suspicion à l'égard des nouveaux cultes et se montre sévère dans l'appréciation du comportement des fidèles.
Cette méfiance apparaît encore plus clairement dans le domaine de l'adoption : par un arrêt du 24 avril 1992[29], le Conseil d'Etat a refusé d'accorder l'agrément administratif à un couple de candidats à l'adoption, sous prétexte que leur appartenance aux Témoins de Jéhovah comportait en elle-même un risque pour la santé de l'enfant. Cette décision fut amplement commentée et critiquée ; nous nous y attarderons plus longuement dans la seconde partie de nos développements[30]. Néanmoins, on peut d'ores et déjà affirmer qu'elle est significative des imperfections qui subsistent dans la machine judiciaire et qui devront être gommées si l'on veut rendre crédible le deuxième aspect du rapport entre le droit et les sectes qu'il nous faut maintenant aborder.

---

[27] Cf. CA NIMES, 10/06/1967, Dalloz 1968, p. 367, note Jean CARBONNIER.
[28] Cf. CEDH, 23/06/93, Petites Affiches 17/11/1993, note Isabelle ROUVIERE-PERRIER, Dalloz 1994 p. 327, note Jean HAUSER.
[29] Cf. CE, 24/04/1992, D. 1993, p. 234, note Isabelle ROUVIERE-PERRIER, RTDCiv 1992, p. 550, note Jean HAUSER.
[30] Cf. infra "Les conflits d'intérêts".

LE RESPECT DU DROIT PAR LES SECTES

Le principe de non-discrimination que nous venons d'évoquer interdit que l'on assimile a priori secte et mouvement dangereux. Cependant, il est des cas où le danger s'avère véritable et où les "dérives sectaires" ainsi constituées deviennent nuisibles pour l'ordre public ou les adeptes eux-mêmes. La nécessité apparaît alors d'ériger des barrières juridiques contre ces abus. Pour ce faire, et vu l'inopportunité d'une réglementation spéciale[31], c'est au droit commun que l'on aura recours.

LES DERIVES SECTAIRES

Bilan macabre : les excès commis par les sectes débouchent parfois sur de véritables tragédies : suicides collectifs (Guyane 1978, "Temple du peuple", 912 morts. Etats-Unis 1993, "Davidsonniens", 78 morts. Canada, Suisse et France ; 1994, 1995,1997 ; "Ordre du temple solaire" ; 74 morts. Etats-Unis 1997, "Porte du paradis", 39 morts[32]) ou attentat (Japon 5 mars 1995, "secte Aoum", 11 morts et 55 blessés).

Autres atteintes : sans parvenir à des dénouements aussi dramatiques, les sectes causent parfois de graves dommages à leurs fidèles ou à l'ensemble de la société :

Les dangers pour la collectivité : Le rapport Guyard relève que 26 des sectes répertoriées inciteraient à troubler l'ordre public. Parmi elles, on trouverait le Mouvement Raëlien, l'Eglise de Scientologie, les Témoins de Jéhovah ou encore la Nouvelle Acropole. La commission a d'ailleurs recueilli certains témoignages d'adeptes de ce dernier mouvement dont les propos sont éloquents :
"(...) Or, malheureusement, à la Nouvelle Acropole, au fur et à mesure que les années passent, les idées trépassent. C'est-à-dire

---

[31] Cf. Supra les conclusions du rapport GUYARD et nos développements.
[32] Cf. Jean VERNETTE , "Les sectes", p. 4, Rapport GUYARD p. 17.

que rentré dans une école de philosophie à la façade honnête, vous vous retrouvez, très rapidement, dans une secte aux visées politiques, au caractère "extrême droite" et de type "néo-fasciste", et si vous ne réagissez pas, vous risquez de vous retrouver en uniforme de style paramilitaire (bleu marine pour les femmes, noir pour les hommes et marron pour les officiers), le brassard au bras, l'étendard dans une main, chantant des chants guerriers au rythme de musiques militaires, puis baissant la tête, le genou à terre, saluant le bras levé un rapace dans le soleil !!! "
"(...) Ce sont de plus des ennemis déclarés de la démocratie, uniquement bonne aux lâches et aux faibles, aux dires des dirigeants de la Nouvelle Acropole. De plus, ils sont hostiles à toute forme d'opposition, et sont susceptibles de devenir très dangereux. Pour eux, la fin justifie les moyens".

Les dangers pour l'intégrité des adeptes : On peut là encore recenser de nombreuses attitudes attentatoires à la dignité humaine. Pour exemple, un jugement du Tribunal de Grande Instance de Paris[33] relève des comportements assez stupéfiants : *"(...) les affirmations relatives à certaines pratiques aberrantes des adeptes, telles que faire leurs déjections par terre, ne pas se laver, travailler à mains nues, refuser les soins médicaux et de pharmacie malgré des infections, abcès purulents etc. (...) sont confirmées par les conseils contenus dans les brochures diffusées par "Ecoovie" ou l'on relève non seulement des mises en garde précises contre la médecine et les médicaments mais aussi certaines théories pour le moins inquiétantes".* Le jugement reproduit alors quelques uns de ces "conseils" : *"pour boucler la boucle, il faut ensemencer le sol de nos vibrations et le nourrir. Il est important de retourner nos excréments à la terre, ainsi l'énergie peut circuler. (...) Le chou convient à toutes les maladies de la peau (allergies, eczéma...), les brûlures, gerçures, engelures, abcès, panaris, ulcères, plaies, contusions.(...) L'argile a un pouvoir antiseptique et cicatrisant, (...) elle a le pouvoir de faire sortir les impuretés et, en principe, il ne faut pas s'inquiéter. Si la*

[33] Cf. TGI Paris, 10/07/1985, Petites Affiches, 27/04/1988 p. 18.

blessure semble s'infecter davantage : persévérer."
Les juges mettent ensuite à notre connaissance divers témoignages d'anciens disciples expliquant les résultats de ces méthodes "naturelles". Morceaux choisis :
"Nous dormions très peu, pas plus de trois à quatre heures, on nous faisait lever très tôt le matin, coucher très tard le soir... Les conditions d'alimentation et d'hygiène étaient dures avec des périodes de jeûne (sans eau) de trois jours à chaque changement de saison. En l'espace de six mois, j'ai perdu 25 kilos. Je peux dire que l'état sanitaire de la secte est épouvantable : poux, gale, œdèmes sont monnaie courante... J'ai aussi été atteint d'une hépatite..".
"Il a eu des abcès au bras, ce qui ne l'empêchait pas de faire de la pâtisserie(...) tous les gamins qui travaillaient dans ce magasin étaient dans un état de saleté repoussante".
"Les horaires de travail étaient très durs : 14 à 16 heures par jour... Pas de salaire... Pas de sécurité sociale...".
Outre ces maltraitances physiologiques, le tribunal note, à l'encontre de la secte, "une volonté de rompre la cohésion familiale et plus généralement une tentative de déstabilisation de la société". Cette attitude se manifeste au travers de diverses brochures diffusées par Ecoovie, destinées aux mineurs, dans lesquelles figurent certaines recommandations : *"Fuguer n'est pas un délit... Tout ce que tu risques, c'est qu'on te ramène chez tes parents... une règle générale à respecter lorsque tu as affaire à la police : ne dire que le strict minimum, éviter de donner des noms (surtout ceux d'adultes qui auraient pu t'héberger et risqueraient de se voir inculpés de détournement de mineurs)... Lorsque tu as décidé de fuguer, quelques précautions peuvent retarder le moment de ta capture : avoir préparé une histoire cohérente justifiant ton déplacement (de préférence visite à un membre de ta famille), avoir des papiers en règle, avoir sur toi une certaine somme d'argent et les clefs de chez toi pour rentrer quand tu voudras...".*
Il est possible d'ajouter à ces exemples d'autres pratiques relevées dans certains mouvements sectaires telles que le viol, le harcèlement et les autres atteintes à caractère sexuel, les délits financiers et escroqueries, les persécutions, etc.

On s'aperçoit donc des multiples dangers parfois encourus par les individus, les familles ou la société dans son ensemble. Pour parer à ces risques et protéger ces différentes entités, le droit dispose de plusieurs mécanismes axés sur la prévention ou la répression.

LA SAUVEGARDE DE L'ORDRE PUBLIC ET DE L'INTEGRITE DES ADEPTES

Elle peut être le fait du droit pénal ou du droit civil :

La sauvegarde par le droit pénal : Le droit pénal érige un certain nombre d'infractions susceptibles de s'appliquer aux dérives sectaires et que l'on peut décliner sous plusieurs thèmes.

La répression des techniques de déstabilisation mentale :

- L'article 31 de la loi du 9 décembre 1905, relative à la séparation de l'Eglise et de l'Etat, réprime les voies de fait, violences ou menaces envers un individu visant à le déterminer à exercer ou cesser d'exercer un culte.
- L'article 222-16 du code pénal réprime les appels téléphoniques malveillants ou les agressions sonores réitérées en vue de troubler la tranquillité d'autrui.
- Les outrages aux bonnes mœurs, attentats aux mœurs et pratiques de harcèlement sexuel sont sanctionnés par les articles 227-23 et suivants, 222-32 et 222-33 du code pénal.
- Le trafic de stupéfiant, dans l'hypothèse où la secte inciterait ses adeptes à la consommation de drogue : articles 222-34 et suivants du code pénal.
- L'exercice illégal de la médecine : articles L372 et suivants du code de la santé publique.

La répression des exigences financières exorbitantes :

- Le vol (article 311-1 et suivants du code pénal), l'escroquerie (article 313-1 du code pénal), l'abus de confiance (article 314-1 du code pénal).

- Les publicités fausses ou trompeuses : article 44 de la loi du 27 décembre 1973, article 30 de la loi du 10 janvier 1978.
- La sanction des différentes formes d'exploitation financière : articles 225-13 et 225-14 du code pénal.

La répression des cas d'embrigadement d'enfant

- Le détournement de mineur : article 227-7 et suivants du code pénal.
- Les règles relatives à l'obligation scolaire : loi du 28 mars 1882, ordonnance 59-45 du 6 janvier 1959 et décret 66-104 du 18 février 1966.

La répression des atteintes à l'intégrité physique :

- L'enlèvement et la séquestration : articles 224-1 et suivants du code pénal.
- Les coups et blessures : articles 222-7 et suivants du code pénal.
- Les tortures : articles 222-1 et suivants du code pénal.
- L'homicide : articles 221-1 et suivants du code pénal.
- La non-assistance à personne en danger : articles 223-6 et suivants du code pénal.
- Le viol : articles 222-23 et suivants du code pénal.
- Les agressions sexuelles : article 222-22 du code pénal.
- Le proxénétisme : articles 225-5 et suivants du code pénal.

La répression des atteintes à l'image ou à l'honneur :

- Les diffamations ou injures : articles 30 et suivants de la loi du 29 juillet 1881 sur la liberté de la presse.
- Les atteintes à la vie privée : articles 226-1 et suivants du code pénal.
- Les atteintes au secret : article 226-13 du code pénal.
- La dénonciation calomnieuse : articles 226-10 et suivants du code pénal.

- Les atteintes relatives au secret des correspondances : articles 226-4 et suivants du code pénal.
- Les atteintes à l'inviolabilité du domicile : articles 226-4 et suivants du code pénal

La sauvegarde par le droit civil : c'est ici l'aspect préventif du droit qui est mis en évidence. Les juridictions civiles vont essentiellement viser à la protection de l'adepte et de sa famille mais disposent aussi de quelques mécanismes répressifs, notamment avec la loi de 1901 relative à la liberté d'association :

L'article 3 de la loi du 1° juillet 1901 permet au Tribunal de Grande Instance de dissoudre *"les associations fondées sur une cause ou en vue d'un objet illicite, contraire aux lois et aux bonnes mœurs, ou qui auraient pour but de porter atteinte à l'intégrité du territoire national et à la forme républicaine du gouvernement."* Cette disposition trouvera à s'appliquer dans les cas où les sectes afficheront ouvertement des idées ou des pratiques en opposition avec les bases de notre ordre public. Elle est peu efficace en réalité car les mouvements dissous ne tardent pas à se reconstituer sous une nouvelle identité.

Les mesures préventives de protection de l'adepte et de sa famille : Les différentes branches du droit civil offrent tout un panel de protections par le biais du droit des règles relatives aux incapacités et aux régimes matrimoniaux. Surtout, les mesures d'assistance éducative, prévues aux articles 375 et suivants du code civil, pourront être mises en œuvre quand la santé, la moralité ou la sécurité du mineur seront en péril.

Ainsi, que ce soit par les techniques répressives du droit pénal ou celles, plus préventives, du droit civil, les normes juridiques françaises offrent tout moyen de préserver les intérêts publics et privés qui pourraient être menacés par les sectes.

PROBLEMATIQUE : La difficulté majeure qui se présente à nous est celle de la compatibilité entre ces mesures de sauvegarde et les principes de liberté précédemment décrits. Il convient alors de se demander comment le droit, science des choix, va concilier ces deux objectifs, apparemment opposés.
Cette question, nous la traiterons dans le cadre plus étroit du droit de la famille car celui-ci comporte de multiples centres d'intérêts qu'il nous faut maintenant évoquer.

INTERETS DU SUJET : Par droit familial nous entendrons non seulement le contenu de la matière au sens strict, (c'est-à-dire les règles relatives au mariage, régimes matrimoniaux, filiation, autorité parentale et divorce) mais aussi les incidences que peuvent avoir d'autres parties du droit sur la famille. Ainsi, par exemple, du droit pénal lorsqu'il sanctionne l'abandon de famille ou du droit public quand il contrôle l'agrément administratif.
Cet angle d'étude présente de nombreux attraits dans la mesure où la famille est la structure sociale qui souffre le plus du phénomène sectaire et de ses dérives. L'adhésion à une secte peut en effet conduire à remettre en cause des concepts classiquement admis, comme l'autorité parentale, la vie conjugale ou la monogamie, et aboutir à une fragilisation voire une explosion de la cellule familiale. Cette déstructuration constitue parfois un véritable objectif pour certains groupes tels les "Enfants de Dieu"[34] qui font de l'éducation parentale un mal absolu : "*Vous êtes, parents, les plus grands rebelles contre Dieu. Au diable votre système diabolique.*"
La famille peut ainsi être atteinte au travers de ses enfants qui risquent d'être soumis à un conditionnement physique et mental nuisible à leur santé et à leur développement intellectuel. Ils courent en outre le danger d'être séparés de leurs proches et de souffrir de carences affectives que ne résorberont pas de simples décisions de justice.
L'autre intérêt de cette approche réside dans le fait que la famille constitue le cadre juridique au sein duquel les discriminations à

[34] Cf. Yves de GIBBON, Jean VERNETTE : "Des sectes à notre porte" , p. 14.

l'encontre des adeptes vont se manifester de la façon la plus flagrante. L'appartenance à un mouvement sectaire pourra en effet engendrer des restrictions au libre exercice de l'autorité parentale ou influer négativement dans un divorce ou une demande d'adoption.
On retrouve donc bien l'étroite frontière entre liberté de croyance et protection des individus à l'intérieur de laquelle vont se nouer tous les liens entre le droit familial et les sectes. Ces rapports vont être compliqués par les conflits d'intérêts qui pourront naître entre les différents membres de la famille, la protection des uns limitant la liberté des autres. Dès lors, Le droit familial va être confronté à quatre types d'incompatibilités :
D'un coté, les incompatibilités individuelles : faut-il privilégier la liberté ou la protection de l'adepte quand celui-ci est majeur ? Que doit-on préférer lorsqu'il est mineur ?
De l'autre, les incompatibilités collectives : que choisir entre liberté de croyance des parents et protection de l'intégrité des enfants ? Que faire lorsque les libertés religieuses de ces personnes entrent en conflit ?

PLAN : C'est à la résolution par le droit de ces différents antagonismes que nous allons nous attacher, en distinguant les oppositions qui se présentent au niveau d'une personne de celles qui se manifestent à l'échelle de la famille. Autrement dit, le droit familial devra gérer tant les conflits de priorité que les conflits d'intérêts.

PREMIERE PARTIE

LA GESTION DES CONFLITS DE PRIORITE

De la philosophie au droit : Lorsqu'il est pris au niveau individuel, le problème du conflit entre liberté de culte et protection prend un sens philosophique très marqué et revient à se demander si on peut se substituer à l'homme pour dire ce qu'est son intérêt. La question est délicate car si l'on y répond par l'affirmative, cela signifie que l'on enlève à l'individu le sens de la responsabilité. Pour autant, il peut paraître insupportable de rester sans réaction face à la détresse et la souffrance humaine. C'est là tout le débat consacré au "droit d'ingérence" que notre système juridique n'a pas vocation à trancher de manière absolue.
Pour fixer ses choix, le droit va introduire un minimum d'objectivisme et distinguer selon la capacité juridique de l'adepte. Le majeur verra sa volonté prévaloir sur une éventuelle protection alors que, pour le mineur ou le majeur incapable, cette volonté sera exclue ou diminuée dans un souci de sauvegarde.
Cette ligne de conduite ne va d'ailleurs pas sans poser de difficultés et pourrait être remise en cause par les projets relatifs à la prémajorité religieuse de l'enfant.
Néanmoins, en l'état actuel des choses, il reste exact d'affirmer que le droit familial donne priorité à la liberté religieuse quand l'adepte est majeur, à la protection quand il est mineur.

CHAPITRE 1 :

LE DROIT FAMILIAL ET L'ADEPTE MAJEUR : LA PRIORITE DONNEE A LA LIBERTE

Plan : La liberté religieuse du croyant a été explicitée à de nombreuses reprises, ce qui a donné lieu à la reconnaissance du droit de vivre selon ses propres aspirations, quand bien même elles seraient jugées immorales ou cruelles par le reste de la société, dès lors qu'elles ne portent aucune atteinte à autrui.

Face à cette "liberté d'avoir mal" le droit familial ne devrait en principe pas disposer de moyen de protection. Cependant, par le biais des règles relatives aux régimes matrimoniaux et au divorce, et par l'utilisation, parfois abusive, de certains préceptes du droit des incapacités, les juges parviennent à mettre en œuvre des mesures de sauvegarde qui, si elles sont difficilement justifiables, s'avèrent d'une grande utilité pratique.

Ainsi, du fait de l'affirmation de sa liberté religieuse, la protection de l'adepte ne peut être que détournée.

SECTION 1 : LA LIBERTE AFFIRMEE.

Libertés et restrictions : Le principe de liberté de religion de l'adepte majeur est contenu dans de nombreux textes juridiques, tant au plan interne qu'au niveau international[35]. Il implique que l'on respecte les croyances mais aussi les pratiques des fidèles, même si elles paraissent ridicules ou dangereuses. Pour autant, cette liberté n'est pas sans limites :

Une première restriction réside dans la notion d'ordre public qui interdit qu'une doctrine prône ouvertement des idées qui mettrait en cause l'intégrité de la nation (par exemple, un appel à l'insurrection). De la même manière, cette liberté ne peut aller contre les intérêts juridiquement protégés d'autres personnes et

---

[35] Cf. Supra la liste de ces textes.

notamment, dans le cadre familial, du conjoint ou des enfants[36]. Au-delà de ces limites apparemment légitimes, on s'est demandé si des réserves pouvaient être posées en l'absence d'intérêts distincts de ceux de l'adepte. Autrement dit, existe-t-il une possibilité de préserver une personne majeure, capable et responsable contre ses propres agissements, lorsque ceux-ci sont "objectivement" dangereux ? La question est ardue car face à la souffrance il s'agit d'accorder ou de rejeter la liberté de souffrir.

I L'EXISTENCE DE SOUFFRANCES

Refus de soins et régimes carencés : Il est incontestable que certaines pratiques sectaires peuvent s'avérer nuisibles : les Témoins de Jéhovah, par exemple, font une application exégétique de La Bible et notamment des versets leur défendant de "consommer" du sang. Dans sa thèse, Mlle Vidal Engaurran[37] relève quelques-uns de ces commandements : *"Seulement, vous ne mangerez point de chair avec son âme, avec son sang"* (Genèse IX : 3,4) ; *" C'est ici une loi perpétuelle pour vos descendants : vous ne mangerez ni graisse, ni sang."* (Lévitique III : 17) ; *"Vous ne mangerez le sang d'aucune chair car l'âme de toute chair, c'est son sang"* (Lévitique XVII : 13,14) ; *"Car il a paru bon au Saint-Esprit et à nous de vous imposer... de vous abstenir des viandes sacrifiées aux idoles, du sang..."* (Actes des Apôtres XV : 28,29). L'ensemble de ces textes conduit les Témoins à s'opposer à toute transfusion sanguine ce qui peut engendrer, lors d'un accident ou d'une opération, des conséquences dramatiques.

L'auteur, citant le bulletin de liaison du CCMM,[38] décrit certaines autres pratiques sectaires consistant pour l'essentiel à refuser les médecines traditionnelles : *"Les sectes ont des conceptions particulières sur la genèse des maladies : elles seraient la conséquence d'un état mental ou spirituel impur, ou d'un mode de*

---

[36] Cf. Infra, "Les conflits d'intérêts"

[37] Cf. Catherine VIDAL ENGAURRAN, "Le droit face aux adeptes des sectes", thèse PARIS X 1996.

[38] Centre de documentation et d'action contre les manipulations mentales.

vie déséquilibrant ou de rapports avec des personnes ou des occupations pernicieuses (négatives), ces raisons et bien d'autres étant souvent conjuguées ! La malédiction divine et l'œuvre satanique ont une grosse part de responsabilité, mais le vrai coupable est toujours le malade. La médecine et la pharmacologie moderne sont rejetées, ce qui élimine diagnostic et traitement adéquat en cas d'affection subite et de maladie grave. Les thérapies de substitution sont d'origines diverses : des médecines archaïques d'Orient et d'Extrême Orient aux recettes miracles de guérisseurs spéculatifs ne sont que des recours à des méthodes peu fiables."

D'autres adeptes s'imposent des régimes carencés, des exercices physiques ou méditatifs épuisants ou encore réduisent leurs heures de sommeil très en deçà de leurs besoins physiologiques. Les dévots de Krishna, par exemple, ne consomment pas de viande, ni de poisson, ni d'œufs, ni d'alcool, ni de tabac, ni de café ni de thé. Ils ne dorment que très peu et leurs journées se partagent entre de longues périodes de prière et la communication de leur doctrine[39].

Force est alors de constater que l'être humain souffre de ces comportements, le tout étant de savoir si cette souffrance constitue une composante de sa liberté.

II LA LIBERTE DE SOUFFRIR

La question a fait l'objet de nombreuses controverses et reste très discutée même si le droit, au moins au niveau théorique, semble faire prévaloir la volonté des individus.

Débats doctrinaux : Messieurs Seguy et Florand se sont demandé, dans une chronique[40], *"si on peut laisser, au nom de la liberté de croyance, des êtres humains se détruire par les traitements dégradants qu'ils s'infligent ?"*

Les auteurs commencent par remarquer que rien n'interdit à une personne majeure de se détruire par d'autres voies (alcool,

---

[39] Cf. Jean VERNETTE, "LES SECTES", p. 65.

[40] Cf. Olivier Louis SEGUY et Jean Marc FLORAND, "La protection judiciaire de l'adepte et de ses enfants mineurs face aux sectes", PA 27/05/1988, p. 20.

médicaments), ou de se suicider. Ils distinguent néanmoins ces situations, dans lesquelles les individus concernés ont conscience du mal qu'ils s'infligent, de celle rencontrée à l'intérieure d'une secte où les adeptes sont persuadés d'améliorer leur sort : *"Là nous semble être la différence fondamentale entre d'une part, les comportements destructeurs individuels et, d'autre part, le comportement destructeur de l'adepte encouragé par sa secte lui présentant sa déchéance comme un progrès de l'esprit sur la matière. Telle n'est pas la philosophie des revendeurs de drogue, d'alcool et des éditeurs de livres de conseils aux candidats au suicide".* Pour les auteurs, cette tromperie justifie la mise en place d'un contrôle des pratiques qui objectivement mettent les disciples en danger. Ils proposent alors que le juge établisse la notion "d'intérêt supérieur de l'adepte" et la fasse prévaloir sur la liberté de culte.

Cette analyse n'emporte pas notre adhésion pour plusieurs raisons : d'abord parce qu'il est délicat de situer la limite entre ce qui est choisi et ce qui apparaît comme la simple conséquence d'un conditionnement. Chacun d'entre nous subit en effet des influences (religieuses, culturelles, politiques...) qu'il distingue difficilement de sa volonté propre. Nous pensons qu'il en est de même dans les sectes où les croyants possèdent, au-delà des pressions mentales exercées sur eux, la volonté de croire au bien-fondé de leurs agissements.

Par ailleurs, si une entité distincte de la personne de l'adepte décidait à sa place que les pratiques recommandées sont néfastes, cela reviendrait pour elle à affirmer que les préceptes enseignés par sa religion sont faux. A qui alors donnerait-on ce pouvoir immense de se prononcer sur la véracité d'un dogme qui, par définition, ne peut être contredit ni vérifié sur la base de données objectives ?

On objectera qu'il ne s'agit pas de juger les croyances mais les pratiques et que l'on pourra déduire le caractère dangereux d'une doctrine sur la base du "taux de souffrance" qu'elle engendre. Mais là encore, des agissements dégradants n'impliquent pas que la doctrine qui les inspire soit mauvaise et se faire juge des premiers revient à se prononcer sur la seconde. En outre, si l'on devait

s'attaquer à tous les dogmes susceptibles d'engendrer de la douleur, il faudrait alors dépasser le cadre sectaire et s'intéresser au "culte des martyrs" ou au triptyque "pauvreté-charité-chasteté" qui peuvent s'analyser, aux yeux des non-croyants, comme des invitations à la souffrance. Quant aux pratiques, il ne semble pas que les jeûnes (ramadan, jour du Kippour...), les processions sur les chemins de croix ou les séances d'auto-flagellation pratiquées pendant la période de Pâques soient des plus recommandés pour la santé. Pour autant, ces coutumes ne choquent quasiment plus personne et leur interdiction n'a jamais été envisagée.
Finalement, il nous apparaît que la liberté de conscience implique celle de souffrir, du moins si on le souhaite, et la société ne pourra intervenir, sauf à admettre qu'elle puisse elle-même souffrir de ces comportements. En ce cas, ce serait uniquement pour protéger son propre intérêt qu'elle imposerait aux adeptes de cesser leur autodestruction. Cette idée de "préjudice moral subi par la société", qu'il est possible d'intégrer au concept d'ordre public, apparaît à nos yeux comme la seule justification possible d'une éventuelle restriction de la liberté de croyance, tout du moins lorsqu'il n'y a pas en jeu d'autres intérêts que ceux de l'adepte.

Solution juridique : Le droit n'a pas choisi de consacrer cette notion de "préjudice moral envers la société", pas plus que celle de "l'intérêt supérieur de l'adepte". Il laisse donc toute sa force, au moins théorique, à la liberté religieuse des fidèles.
Les juges vont néanmoins instaurer un système de protection de l'adepte majeur. Dépourvu de fondement juridique précis, il va se manifester par l'utilisation, quelquefois abusive mais en tout cas détournée, de normes diverses, notamment issues du droit familial.

SECTION 2 : LA PROTECTION DETOURNEE

"Ficelles" juridiques : L'adepte majeur étant en principe maître de ses actes et de ses croyances, les mesures assurant sa sauvegarde risquent de s'analyser comme autant d'atteintes à sa liberté. Dès lors, le droit familial, s'il souhaite malgré tout assumer son rôle protecteur, va devoir trouver une légitimité à ces

atteintes et faire preuve de pragmatisme.
La solution la plus couramment retenue est celle consistant à mettre en place une protection au travers de la sauvegarde d'autres intérêts. Ainsi, c'est indirectement que le majeur va être encadré ce qui permettra de ne pas heurter de façon trop marquée, le principe de liberté religieuse.
Dans l'hypothèse où l'adepte est marié, le maintien de son intégrité par le droit familial se fera par l'intermédiaire des mesures de sauvegarde du mariage, la justification étant alors l'intérêt du conjoint et des enfants.
Lorsqu'il est célibataire, le droit de la famille ne pourra plus être invoqué. La seule manière de protéger l'adepte sera alors de considérer qu'il n'a pas la capacité de profiter de sa liberté de croyance. Les normes relatives aux incapacités deviendront alors l'ultime recours des familles confrontées aux sectes.

LA PROTECTION DE L'ADEPTE MARIE

Elle est assurée par la loi du 13 juillet 1985 portant réforme des régimes matrimoniaux et s'exerce au travers du régime primaire (applicable à tous les couples mariés) et du régime légal (applicable aux couples n'ayant pas choisi un régime spécial).

LA PROTECTION PAR LE REGIME PRIMAIRE

L'article 217 du Code civil : Celui-ci dispose dans son premier alinéa que : *"un époux peut être autorisé par justice à passer seul un acte pour lequel le consentement de son conjoint serait nécessaire si celui-ci est hors d'état de manifester sa volonté ou si son refus n'est pas justifié par l'intérêt de la famille."*
L'hypothèse est ici celle d'un époux voulant accomplir un acte pour lequel il ne dispose pas d'un pouvoir complet, l'acte en question relevant de la cogestion (ex. vente d'un immeuble commun, résiliation du bail du logement de famille)[41]. L'autre époux, dans notre exemple membre d'une secte, refuse d'y consentir, soit que son appartenance au mouvement l'empêche de manifester sa

volonté, soit qu'elle le conduise à agir dans un intérêt distinct de celui de sa famille. Dans ce cas, l'article 217 permet d'obtenir devant le juge une autorisation de passer l'acte, ce qui offre une possibilité de débloquer la situation.

Cette mesure comporte quelques limites dont la première est le caractère spécial de l'autorisation qui ne peut s'appliquer qu'aux actes déterminés. En outre, les actes en question étant ceux soumis à la cogestion, l'article 217 est inapplicable pour les prérogatives relevant du seul époux adepte (ex. pour la vente d'un bien propre appartenant au conjoint membre de la secte). Enfin, l'autorisation judiciaire ne protégeant que les intérêts financiers de la famille, le conjoint de l'adepte ne pourra pas en bénéficier pour les actes extra-patrimoniaux tels que ceux relatifs à l'éducation des enfants. Le mécanisme ne permet donc de répondre qu'aux crises ponctuelles et il vaudra mieux passer, en cas d'aggravation, à celui de l'habilitation judiciaire.

L'article 219 du Code civil : Régissant les mesures d'habilitation judiciaire, l'article 219 dispose que *"si un époux se trouve hors d'état de manifester sa volonté, l'autre peut se faire habiliter en justice à le représenter d'une manière générale ou pour certains actes particuliers, dans l'exercice des pouvoirs résultant du régime matrimonial, les conditions et l'étendue de cette représentation étant fixées par le juge."*

Le cas pourrait être ici celui où l'époux s'avère incapable de s'exprimer du fait d'un conditionnement annihilant sa personnalité ou d'une séquestration à l'intérieur de la communauté sectaire. L'habilitation offre alors à l'autre conjoint la possibilité d'accomplir des actes relevant de la cogestion, mais aussi ceux dépendant uniquement de l'adepte.

Ce système a donc une portée plus générale que le précédent et il peut être utilisé sur une durée plus longue même si sa vocation reste celle d'un palliatif provisoire. Cependant, là encore, seuls les intérêts patrimoniaux sont sauvegardés. En outre, la mesure ne concerne que l'époux qui ne peut manifester sa volonté et non celui qui oppose un refus irraisonné. La représentation judiciaire ne sera donc efficace que dans des situations spécifiques, ce qui nous conduit à conclure en reprenant l'expression du professeur Mallaurie qui voit dans cette institution *"non un remède aux difficultés du mariage mais une simple suppléance"*[42]. L'appréciation se justifie encore davantage lorsqu'il est question de secte, si bien qu'il sera préférable de recourir à un autre dispositif, prévu cette fois par l'article 220-1 du Code civil.

L'article 220-1 du Code civil : Contrairement aux textes précédents, l'article 220-1 ne consistera pas en une extension des pouvoirs du conjoint non-adepte mais en une restriction des prérogatives de l'époux membre de la secte. Il dispose en effet que *"si l'un des époux manque gravement à ses devoirs et met ainsi en péril les intérêts de la famille, le juge aux affaires familiales peut prescrire toute mesure urgente que requière ses intérêts."*.
Cette mesure paraît être la plus adaptée car elle touche à la fois les intérêts patrimoniaux et extra patrimoniaux du fidèle et de sa famille. De la sorte, les différentes hypothèses de manquement aux devoirs du mariage pourront être sanctionnées[43]. Dans le domaine plus spécifique des sectes, M. Florand[44] relève que la mesure pourra s'appliquer aux situations dans lesquelles l'adepte ne contribue plus aux charges du mariage, soit qu'il cesse de travailler, soit qu'il reverse la majeure partie de ses revenus au mouvement. De même, l'article 220-1 pourra être mis en œuvre s'il néglige son conjoint ou l'éducation de ses enfants.
Ce mécanisme présente un caractère provisoire et ne pourra excéder une durée de trois ans. Par contre, l'objet de la mesure est illimité et le juge peut prendre toutes dispositions utiles, qu'elles soient patrimoniales ou non, positives ou négatives.
L'irrespect de la limitation judiciaire entraîne la nullité des actes passés. Néanmoins, celle-ci devra être invoquée dans les deux années où l'époux protégé a pris connaissance de l'acte irrégulier,

---

[42] Cf. Philippe MALLAURIE et Laurent AYNES, "Les régimes matrimoniaux", CUJAS, p.86.
[43] Exemples de mesures pouvant être prises sur la base de l'article 220-1: interdiction de disposer et de déplacer des meubles (TGI NANCY 12/12/1968), mise sous séquestre de biens communs (CIV. 1ére 13/07/1991) .
[44] Cf. Jean-Marc FLORAND, "La protection des intérêts civils de l'adepte d'une secte et de sa famille" , JCP 1986, p. 3240.

sans que ce délai puisse dépasser les deux années suivant la publication de l'interdiction.
Le régime primaire offre donc tout un panel de mesures protectrices et complémentaires auxquelles viennent parfois s'ajouter les règles découlant du régime légal de communauté réduite aux acquêts. Celles-ci seront plus limitées dans leur portée puisque applicables aux seuls époux qui n'ont pas fait le choix d'un régime conventionnel (séparation de biens, communauté universelle, participation aux acquêts).

LA PROTECTION PAR LE REGIME LEGAL

L'exposé des mesures : L'article 1426 dispose dans son alinéa premier que "*si un des époux se trouve d'une manière durable hors d'état de manifester sa volonté, ou si sa gestion de la communauté atteste l'inaptitude ou la fraude, l'autre conjoint peut demander en justice à lui être substitué dans l'exercice de ses pouvoirs*".
L'article 1429 alinéa 1 prévoit, quant à lui que "*si l'un des époux se trouve de manière durable hors d'état de manifester sa volonté ou s'il met en péril les intérêts de sa famille, soit en laissant dépérir ses biens propres, soit en dissipant ou détournant les revenus qu'il en retire, il peut, à la demande de son conjoint être dessaisi des droits d'administration et de jouissance qui lui sont reconnus par l'article précédent.*[45] "
L'article 1443, enfin, indique que "*si par le désordre des affaires d'un époux, sa mauvaise administration ou son inconduite, il apparaît que le maintien de la communauté met en péril les intérêts de l'autre conjoint, celui-ci peut poursuivre la séparation de biens.*"
Ces différents textes offrent donc des possibilités de protection de l'adepte et surtout de sa famille, même si elles ne sont ici que de nature patrimoniale. Les articles 1426 et 1429 du Code Civil correspondent approximativement aux situations décrites par les articles 217 et 219 : lorsque l'adepte ne peut manifester sa volonté, le conjoint pourra administrer seul les actes en principe soumis à la

---

[45] Cf. Article 1428 du code civil : "Chaque époux a l'administration et la jouissance de ses propres et peut en disposer librement."

cogestion (a.1426), et les biens propres de l'autre époux (a.1429). Par ailleurs, l'article 1143 permet au conjoint de demander en justice la séparation de biens pour sanctionner les inconduites du disciple de la secte, qu'elles soient de nature patrimoniale (ex : dissipation des biens de la famille) ou extra-patrimoniale (ex : pratique de la polygamie en vertu de la doctrine sectaire).
L'ensemble des mesures que nous venons d'évoquer protège l'adepte contre ses propres agissements, et sauvegarde également sa famille. Cependant, l'objectif de ces différentes dispositions est de résoudre des crises à court ou moyen terme. Si la situation se prolonge et devient insupportable, la protection de la famille ne pourra plus passer que par la désunion. Ainsi, les pratiques imposées par la secte, si elles sont jugées nuisibles, pourront donner lieu à une séparation de corps (a. 296 du Code civil) ou à un divorce pour faute (a. 242 du Code civil). Encore ne faudra-t-il pas confondre les pratiques et les convictions et prononcer le divorce aux torts d'une personne du seul fait de son appartenance à la secte[46]. Par ailleurs, si la rupture constitue la forme ultime de sauvegarde des proches de l'adepte, il n'en va pas de même pour ce dernier qui va perdre le bénéfice des mesures de représentation et d'assistance issues des régimes matrimoniaux. Dès lors, il va se retrouver esseulé au sein de la secte, ce qui ne constituera pas pour lui le meilleur moyen d'échapper à ses influences. C'est là tout le problème de la protection de l'adepte isolé parce que célibataire, veuf ou divorcé.

LA PROTECTION DE L'ADEPTE ISOLE

Antagonismes, paradoxes et pragmatisme : Plusieurs difficultés se présentent à nous.
En premier lieu, le fait d'être en présence d'un majeur entraîne encore une fois le risque de voir les mesures de sauvegarde attenter au principe de liberté de conscience. De plus, et contrairement à la l'hypothèse précédente, la protection ne se justifie plus par l'existence d'intérêts convergents. Dès lors, elle ne

[46] Cf. infra, "les conflits d'intérêts : liberté religieuse de l'adepte ou protection de sa famille".

trouve plus de légitimité au niveau des principes, ni dans la possibilité de s'inscrire dans le cadre d'une institution elle-même protégée.

Néanmoins, et même si l'on admet que la Liberté implique celle de souffrir[47], il paraît difficile en pratique d'assister dans l'indifférence à la déchéance d'un être. En outre, le célibat de l'adepte ne signifie pas que personne n'est touché par sa situation. Certains proches (famille, amis, concubin) subissent parfois les conséquences néfastes de la conversion et regrettent alors l'insuffisance de l'arsenal juridique.

On retrouve ici concrètement la perpétuelle opposition entre liberté religieuse et sauvegarde de l'individu. Pour sortir de l'impasse, les juges vont parfois utiliser un raisonnement tendancieux en admettant le principe de liberté de culte avant de considérer que les comportements d'autodestruction constituent le révélateur d'une déficience. Aussi va-t-il être possible de passer outre la liberté religieuse de l'adepte chaque fois que l'on estimera que ses manifestations ne sont que les conséquences d'une insuffisance psychologique.

D'inspiration pragmatique et humanitaire, cette logique comporte de nombreux risques d'abus. Souvenons-nous, pour mémoire, que le régime stalinien ne reconnaissait pas l'existence d'opposants, mais seulement celle de malades dont l'attitude s'expliquait par des carences psychiques. Sans aller aussi loin, il conviendra, après avoir étudié les formes de la protection, d'en examiner les incidences.

LES FORMES DE LA PROTECTION

Justification liminaire : Le fait d'aborder les incapacités dans une étude consacrée au droit de la famille peut paraître incongru. Cependant, il nous semble que la frontière entre les deux matières est quelque peu artificielle, la famille étant encore, jusqu'à preuve du contraire, composée de personnes. En outre, le droit des incapacités étant assez proche des mesures d'habilitation et de

[47] Cf supra, " la protection de l'adepte majeur".

représentation judiciaire[48], il nous paraissait stupide d'envisager celles-ci et de négliger celui-là. Enfin, l'étude de cette branche juridique cadre bien avec nos propos car elle est l'illustration du dilemme existant entre liberté et sauvegarde. Nous analyserons donc les trois mécanismes de protection des incapables, à savoir la sauvegarde de justice, la tutelle et la curatelle.

La sauvegarde de justice : Mise en place par la loi du 3 janvier 1968, il s'agit d'une mesure de protection peu élaborée, permettant de répondre à des besoins temporaires.
Elle peut être appliquée lorsque, par déclaration au Procureur de la République, un médecin constate que l'un de ses patients nécessite, du fait de l'altération de ses facultés, une aide pour les actes de sa vie civile. Elle peut aussi résulter de la décision du juge des tutelles, notamment dans l'attente d'une mesure de protection plus sophistiquée.
La sauvegarde de justice permet à la personne qui en fait l'objet, de conserver l'exercice de ses droits[49]. Cependant, ses actes pourront être rescindés pour cause de lésion ou réduits pour cause d'excès[50].
Par ailleurs, ce mécanisme permet la gestion du patrimoine de l'incapable par un mandataire, sous le contrôle du juge. A défaut de mandat, les proches du sauvegardé ont l'obligation légale de passer les actes conservatoires que nécessite la gestion du patrimoine de l'intéressé[51]. Le juge des tutelles peut aussi intervenir directement en nommant un mandataire spécial pouvant accomplir des actes d'administration[52].
Appliquées au domaine des sectes, ces mesures peuvent s'avérer efficaces dans l'hypothèse où l'adepte serait amené à dilapider son patrimoine au profit du mouvement. Elles ne présentent pour

---

48 Cf. supra, " la protection de l'adepte marié ".
49 Cf. Article 492-2 alinéa 1 du Code civil.
50 Cf. Article 491-2 alinéa 2 du Code civil.
51 Cf. Article 491-4 du Code civil.
52 Cf. Article 491-5 du Code civil. Il est à noter que les actes d'administration sont ceux qui tendent à maintenir les droits dans le patrimoine. Ce sont des actes de gestion courante qui s'opposent aux actes de disposition. Ces derniers emportent transmission des droits et peuvent donc se traduire par une diminution importante du patrimoine.

internent, au moins juridiquement, les individus dont les convictions ne leur paraissent pas crédibles. Dans son mémoire, Mlle Goddier[55] relève une affaire où des parents avaient demandé que leur enfant majeur, pourtant sain d'esprit, fasse l'objet d'une mesure de protection afin d'éviter son engagement dans le Carmel. Malgré le rejet de cette requête, certains auteurs ont jugé inadmissible que des magistrats accueillent et examinent une demande qui détournait manifestement de leur but les règles relatives aux incapacités. Ainsi de Mme Michelet[56] : *"Ce n'est de leur part qu'un subterfuge scandaleux tendant à confondre la vocation religieuse avec l'aliénation mentale."* et du doyen Carbonnier[57] : *"Les outrances du renoncement religieux qui peuvent être folie selon les hommes ne le sont pas au regard de l'article 488".*

On peut aisément concevoir tout le risque pour la liberté qu'il y a à être trop lâche avec les textes. Il convient donc de rester attentif pour ne pas voir un jour les convictions religieuses, mais pourquoi pas idéologiques ou politiques, sanctionnées arbitrairement par une réduction de capacité.

Conclusion : Pour en terminer avec les rapports entre le droit familial et l'adepte majeur, il nous faut insister sur l'embarras des règles de droit à concilier des principes idéologiques et des nécessités pratiques opposées. Nous avons vu que ces tergiversations conduisaient parfois à des solutions intermédiaires critiquables sur le plan de la rigueur intellectuelle et juridique. Pour autant, il semble difficile de faire beaucoup mieux, l'alternative d'une réglementation spéciale présentant des risques sans doute plus graves que ceux que nous venons d'évoquer.

La situation est radicalement différente quand ce n'est plus l'adulte mais l'enfant qui se trouve concerné : dans cette hypothèse la

---

[55] Cf. Marion GODDIER, "Les sectes et l'enfant", mémoire de DEA, année 1992/1993, Université LYON III.

[56] Cf. E. MICHELET, "l'intervention du juge dans les conflits familiaux en matière de vocation religieuse", Dalloz 1971, p. 48.

[57] Jean CARBONNIER, "La famille, les incapacités" , PUF , coll. Thémis.

théorie et la pratique se rejoignent puisque ce qui prime de manière absolue, c'est d'assurer au mineur une défense solide et efficace contre les atteintes dont il pourrait faire l'objet. Dès lors, la liberté religieuse recule, la priorité étant laissée à l'impératif de protection.

CHAPITRE 2 :

LE DROIT FAMILIAL ET L'ADEPTE MINEUR : LA PRIORITE DONNEE A LA PROTECTION

Conflit de normes : La Convention Internationale des Droits de l'Enfant dispose dans son article 14 alinéa premier que *"Les Etats parties respectent le droit de l'enfant à la liberté de pensée, de conscience et de religion"*, et, dans son alinéa 3 que *"la liberté de manifester sa religion ou ses convictions ne peut être soumise qu'aux seules restrictions qui sont prescrites par la loi et qui sont nécessaires pour préserver la sûreté publique, l'ordre public, la santé et la moralité publiques, ou les libertés et droits fondamentaux d'autrui."*

Ce texte risque de poser problème si l'enfant décide de s'en prévaloir pour adopter une religion différente de celle de ses parents, l'éducation religieuse restant, en droit français, un attribut de l'autorité parentale[58].

Par ailleurs, il convient de s'interroger sur le point de savoir si ces dispositions s'opposent à ce que l'enfant fasse l'objet de mesures protectrices quand les pratiques liées à sa croyance menacent son intégrité.

Si l'on poussait jusqu'au bout la logique de la liberté religieuse, le mineur, comme le majeur, devrait pouvoir accomplir tous les actes, même objectivement dangereux, qui ne portent préjudice qu'à sa personne. Cependant, il ne semble pas que le texte de la C.I.D.E impose cette interprétation et ce n'est en tout cas pas celle qui a été retenue par les juges nationaux.

La convention s'inscrit dans une optique axée essentiellement sur la protection du mineur. A ce titre, elle fait référence, dès son préambule, à la Déclaration des Droits de l'Enfant[59] disposant que *"l'enfant, en raison de son manque de maturité physique et intellectuelle, a besoin d'une protection spéciale et de soins spéciaux, notamment d'une protection juridique appropriée, avant*

---

[58] Cf. infra, "les conflits de libertés religieuses".

[59] Déclaration adoptée par l'assemblée générale des Nations Unies le 20/11/1959.

comme après la naissance.". En ce sens, la liberté religieuse définie par l'article 14 de la C.I.D.E peut contrer d'autres libertés du même type, notamment celle des parents, ou faire obstacle à des discriminations fondées sur les croyances. En revanche, elle ne semble pas susceptible d'empêcher la mise en place de mesures visant au maintien de l'intégrité de l'enfant.

En droit interne, les juges utilisent la même logique et considèrent que la sauvegarde du mineur prévaut sur sa liberté de culte. Ce raisonnement se justifie par la situation de faiblesse dans laquelle il se trouve placé qui le rend particulièrement sensible aux risques d'endoctrinement. En outre, les enfants n'ont parfois pas le choix de leurs croyances et adoptent simplement celles de leurs parents. Pour ces raisons, les rapports entre le droit familial et le jeune adepte vont consister uniquement en la mise en œuvre de règles protectrices. Celles-ci pourront être de portée générale (grâce au mécanisme de l'assistance éducative) ou viser plus spécifiquement certains types d'atteintes.

SECTION 1 : LA PROTECTION GENERALE

Mises en place par les articles 375 et suivant du Code civil, les mesures d'assistance éducative trouvent à s'appliquer lorsque *"la santé, la sécurité ou la moralité d'un mineur non émancipé sont en danger ou si les conditions de son éducation sont gravement compromises".*

Le fonctionnement de ce mécanisme présente certaines difficultés qui méritent que l'on s'y attarde avant d'aborder ses applications dans le domaine sectaire.

LE FONCTIONNEMENT DES MESURES D'ASSISTANCE EDUCATIVE.[60]

La demande d'assistance éducative : Elle est réglementée par l'article 375 alinéa premier indiquant que la requête peut émaner *"des pères et mères conjointement ou de l'un d'eux, de la personne*

[60] Cf. Notamment Jean HAUSER et Danièle HUET WEILLER, "Droit de la famille", LGDJ, 1989, p 810.

ou du service à qui l'enfant a été confié, du tuteur, du mineur lui-même ou du ministère public ." De plus, *"le juge des enfants peut se saisir d'office à titre exceptionnel."* Outre les personnes citées par le texte, un autre membre de la famille ou un tiers, ayant pris connaissance du danger encouru par le mineur, peut en informer le Procureur de la République qui aura alors la possibilité de saisir le juge des enfants.

Cette facilité d'accès à l'assistance éducative est précieuse en matière de secte car la protection pourra s'exercer même si le mineur ne veut pas en bénéficier. La faculté d'auto-saisine par le juge permet en outre de pallier une éventuelle carence des parents (notamment s'ils sont eux-mêmes membres de la secte), du reste de la famille ou du ministère public.

Une limite est cependant prévue par le texte qui indique que cette dernière possibilité doit demeurer exceptionnelle. Néanmoins, la Cour de Cassation[61] a fait valoir que le magistrat n'a pas l'obligation de justifier son choix et que sa décision n'est susceptible d'aucun recours. En conséquence, le juge des enfants dispose en pratique d'une totale liberté d'appréciation.

Les conditions d'ouverture des mesures d'assistance éducative :

En premier lieu, la protection ne s'adresse qu'aux mineurs n'ayant pas fait l'objet d'une émancipation[62]. Cette limite ne prête cependant guère à conséquence car, d'une part, le juge des tutelles contrôle la procédure et, d'autre part, l'article 375-7 du Code civil interdit, sauf accord du juge des enfants, d'émanciper un mineur placé sous assistance éducative. Dès lors, l'émancipation ne constitue pas pour l'enfant ou ses parents un moyen d'échapper à la protection du texte précité.

---

[61] Cf. CASS, 1°Civ, 20/10/1987, D.1987, IR, p 216.

[62] C.à.d un acte juridique par lequel le mineur acquiert la pleine capacité d'exercice et se trouve de ce fait assimilé à un majeur. L'émancipation peut être légale (ex. émancipation par mariage), volontaire (elle nécessite le consentement des détenteurs de l'autorité parentale et de l'intéressé), ou judiciaire (c'est alors le juge des tutelles qui sera compétent pour en décider).

En second lieu, les mesures d'assistance éducative ne peuvent être engagées que si l'enfant court un danger. Cette condition est essentielle et la Cour de Cassation interdit que *"le juge se contente de relever l'opportunité de la mesure, sans révéler l'existence d'un danger réel et sérieux*[63]*."* Si l'existence du danger est contrôlée par la cour suprême, sa qualification appartient aux juges du fond qui doivent tenir compte dans leur analyse des *"convictions religieuses et philosophiques du mineur et de sa famille."*[64] Le problème sera alors de trouver la limite entre les dangers "acceptables" eu égard aux croyances et ceux qu'elles ne pourront justifier. On retrouve alors notre perpétuel conflit de priorité qui sera cette fois tranché avec une nette préférence pour la protection de l'enfant.

La procédure de l'assistance éducative : Le juge des enfants peut auditionner le mineur, les parents ou toutes autres personnes utiles. Il peut aussi ordonner des mesures d'information s'il l'estime nécessaire. Il doit ensuite donner avis de la procédure au Procureur de la République et informer les parents tuteurs ou gardiens quand ils ne sont pas eux-mêmes requérants. Le jugement prononcé peut faire l'objet d'un appel qui doit cependant être formé dans un délai de quinze jours. De plus, le pourvoi en cassation n'est autorisé qu'à l'encontre des décisions prescrivant des mesures d'assistance éducative et non contre celles ordonnant de simples mesures d'instruction.

Le choix des mesures : Le juge des enfants dispose de la possibilité de prendre des mesures provisoires pendant l'instance, pour une durée maximale de six mois. Il peut soit ordonner la remise provisoire du mineur à un centre d'accueil et d'observation, soit prendre à titre temporaire une mesure relevant en principe de la décision définitive (cf. article 375-5 du Code civil). En cas d'urgence, le Procureur de la République dispose des mêmes pouvoirs, à charge pour lui de saisir le juge dans les huit jours.
Les mesures définitives sont régies par les articles 375-2 et 375-3

---

[63] Cf. CASS, 1°Civ, 08/10/1985, Bull. Civ, n°247, p233.
[64] Cf. Article 1200 du Code de procédure civile.

du Code civil. Au terme du premier de ces textes, *"l'enfant doit, chaque fois qu'il est possible, être maintenu dans son milieu actuel. Il devra être suivi par une personne qualifiée ou un service d'observation ou d'éducation désigné par le juge"*. Ce dernier peut également imposer certaines obligations aux parents, telles que la fréquentation d'un établissement d'éducation ou l'exercice d'une activité professionnelle. L'article 375-3 prévoit quant à lui que *"s'il est malgré tout nécessaire de retirer l'enfant de son milieu familial, le juge peut le confier à celui des père et mère qui n'avait pas l'exercice de l'autorité parentale ou chez lequel l'enfant n'avait pas sa résidence habituelle. Il peut aussi placer le mineur auprès d'un autre membre de la famille, d'un tiers digne de confiance, d'un établissement sanitaire, d'éducation ordinaire ou spécialisée ou encore auprès du service départemental de l'aide à l'enfance"*. La durée de ces mesures est fixée précisément par le juge. Elles ne pourront, en tout état de cause, excéder deux ans si l'enfant est placé dans un service ou une institution. Si la situation l'exige, elles pourront être renouvelées par une autre décision judiciaire. Il sera également possible de les lever si le contexte de danger disparaît.

Comme le précise M. Hauser[65], il s'agit ici du contrôle de l'exercice de l'autorité parentale et non de son retrait. Les parents conserveront donc, vis-à-vis de leurs enfants, les obligations et les droits non visés par les mesures d'assistance éducative. Au demeurant, la suspension des droits visés n'est que provisoire et cessera en même temps que la situation de danger.

Néanmoins, le retrait de l'autorité parentale n'est pas totalement exclu et peut être prononcé quand une mesure d'assistance éducative est prise à l'égard de l'enfant et que les parents, pendant plus de deux ans, s'abstiennent volontairement d'exercer les droits non visés par la mesure[66].

Finalement, l'assistance éducative offre toute une panoplie de parades aux atteintes dont le mineur pourrait être la victime. De plus, sa facilité d'accès permet de le protéger contre lui-même ou

---

[65] Cf. Jean HAUSER, Danièle HUET WEILLER, "Droit de la famille" (précité) p. 812.

[66] Cf. A. 378-1 al 3 du Code civil.

contre ses parents. Ces mesures présentent également l'avantage d'une grande souplesse dans leur variété, leur durée et leur intensité, propice à maintenir l'intégrité du jeune adepte au sein de la secte.

L'APPLICATION DES MESURES D'ASSISTANCE EDUCATIVE AU CADRE SECTAIRE

L'enfant en danger : Nous venons de le voir, la condition essentielle à l'ouverture d'une mesure d'assistance éducative réside dans l'existence d'un péril pour l'enfant.
A l'intérieur des sectes, ce danger peut prendre plusieurs formes : il peut être physique si le mineur est maltraité, si on lui impose un régime alimentaire trop restrictif ou qu'on le prive de soins. Il peut aussi être psychologique, lorsque l'enfant est séparé de sa famille ou du reste de la société.
La jurisprudence offre quelques exemples de situations où le mineur est soumis à l'assistance éducative :
Dans un jugement du Tribunal de Grande Instance de Nancy du 07 novembre 1983[67], le litige concernait la garde de deux enfants et opposait leurs parents, membres de la secte "Les enfants de Dieu", à leurs grands-parents. Les mineurs avaient été placés, à titre provisoire, sous la garde des ascendants en raison de l'incarcération des parents et de l'influence négative qu'exerçait sur eux la doctrine sectaire. Sortis de prison ils invoquèrent un changement de comportement et demandèrent le retour de leur progéniture au domicile familial. Les grands-parents s'y opposèrent, arguant de leur état psychologique encore incertain.
Après enquête sociale concluant à la capacité des parents de récupérer leurs enfants, le tribunal décida de l'ouverture d'une mesure d'assistance visant à permettre ce retour en le soumettant à conditions. Les juges relevèrent que les pratiques prônées par la secte avaient été très perturbatrices pour les deux enfants : *"Attendu que l'immoralité générale des époux a permis à plusieurs reprises à Jehanne de participer, de visu, aux ébats physiques de sa mère et de son beau-père (...) que les enfants étaient souvent*

---

[67] Cf. TGI NANCY, 07/11/1983, PA 27/04/1988, p. 15.

cependant susceptible d'être contrée par les dispositions de l'article 371-4 du Code civil : *"Les père et mère ne peuvent, sauf motifs graves, faire obstacle aux relations personnelles de l'enfant avec ses grands-parents".* Il reviendra alors au juge aux affaires familiales d'apprécier les motifs de cette "rupture" et d'estimer, au vu de l'intérêt de l'enfant, si la fréquentation de ses grands-parents peut effectivement lui être préjudiciable. Dans la négative, les ascendants pourront obtenir un droit de visite et d'hébergement dont le magistrat décidera les modalités[80].

Il faut aussi noter, pour terminer, le récent article 371-5 du Code civil qui indique que *"l'enfant ne doit pas être séparé de ses frères et sœurs sauf si cela n'est pas possible ou si son intérêt commande une autre solution",* ce qui traduit là encore la volonté du législateur de maintenir une certaine cohésion familiale.

L'ensemble de ces dispositifs permet d'assurer à l'enfant, à titre préventif, un certain équilibre physique et psychologique. Mais au-delà de son aspect protecteur, le droit de la famille dispose aussi d'un volet répressif permettant de sanctionner les comportements parfois irresponsables et destructeurs des parents.

LA PROTECTION PAR LE "DROIT PENAL" DE LA FAMILLE

Le droit pénal dispose de mesures propres à maintenir l'intégrité physique du mineur mais aussi à sanctionner les atteintes morales et les carences affectives dont il pourrait être l'objet.

La sanction des mauvais traitements infligés à l'enfant :

On peut d'abord citer l'article 227-15 alinéa 6 du nouveau code pénal qui réprime *"le fait, pour un ascendant ou toute personne ayant une autorité sur le mineur, de priver celui-ci d'aliments ou de soins au point de compromettre sa santé."* Cette infraction pourra être retenue, en milieu sectaire, dans l'hypothèse de régimes insuffisants ou déséquilibrés ou dans les cas de rejet des formes de médecine traditionnelle. Elle pose néanmoins la difficulté de la

[80] Cf. TGI BAYONNE, 06/03/1989, Bull n° 35, 3° trimestre 1992 : droit de visite et d'hébergement accordé un week-end par mois et pendant une partie des vacances.

preuve de l'élément intentionnel car les parents ont plutôt tendance à penser que, par ces pratiques, ils contribuent à l'amélioration de la qualité de vie de leur enfant. Surtout, comme le note Mlle Vidal Engaurran[81], le problème tient essentiellement à la mise en œuvre de l'infraction. En effet, lorsque les deux parents appartiennent à la secte, les plaintes seront rarement déposées. En outre, si le mouvement organise une vie communautaire, les enfants seront coupés du monde extérieur et notamment des différentes personnes (médecin, instituteur, autre membre de la famille) susceptibles de déclencher les poursuites.

Il est possible de rapprocher de ces dispositions les sanctions pénales frappant le défaut de vaccination obligatoire des enfants. Ainsi, le Code de la santé publique impose la vaccination contre la tuberculose (article L 215 du Code de la santé publique pour l'obligation, article L 218 pour la sanction pénale), la diphtérie, le tétanos et la poliomyélite (articles L6, L7 et L 7-1 pour l'obligation, article 48 pour la sanction).

Enfin, de façon plus générale, l'infraction de violence[82] pourra être utilisée pour faire face à une éducation parentale trop rigoureuse abusant du droit de correction. De même, les différentes infractions non spécifiques au mineur (torture, viol, etc.) trouveront parfois à s'appliquer et donneront lieu à des sanctions aggravées par " l'état de faiblesse" de l'enfant.

La sanction de l'isolement forcé et des carences affectives : Le délit de non représentation d'enfants est prévu aux articles 227-5 et 227-6 du nouveau Code pénal. Ces textes disposent que *"le fait de refuser indûment de représenter un enfant mineur à la personne qui a le droit de le réclamer est puni d'un an d'emprisonnement et de 100 000 francs d'amende."* De plus, *"le fait, pour une personne qui transfère son domicile en un autre lieu après divorce, séparation de corps ou annulation de mariage alors que ses enfants résident habituellement chez elle, de ne pas notifier son changement de domicile, dans un délai de deux mois à compter de*

---

[81] Cf. Catherine VIDAL ENGAURRAN, "Le droit face aux adeptes des sectes" (précité), p185.

[82] Cf. articles 227-7 à 227-16 du nouveau Code pénal.

ce changement, à ceux qui peuvent exercer à l'égard des enfants un droit de visite et d'hébergement en vertu d'un jugement ou d'une convention judiciairement homologuée, est puni de six mois de prison et de 50 000 francs d'amende." Cette disposition offre un complément répressif aux mesures civiles visant à maintenir les relations entre les différents membres de la famille. Elle pourra s'appliquer en cas de divorce si l'époux qui a la garde des enfants refuse à l'autre d'exercer son droit de visite. Il en sera de même dans le cas où les deux parents, adeptes de la secte, s'opposeraient à ce que l'enfant maintienne des contacts avec ses grands-parents ou ses frères et sœurs.

Pour conclure, il nous faut évoquer l'article 227-12 du nouveau Code pénal relatif à l'abandon d'enfant et qui sanctionne les cas où *"les parents manquent à leurs obligations au point de compromettre la santé, la sécurité ou la moralité du mineur."* Cette mesure sied bien aux hypothèses dans lesquelles les enfants sont confiés, pour leur éducation, à d'autres adeptes ou au maître spirituel de la secte. Un tribunal relève par exemple qu' *"à Copenhague, siège de la Scientologie, les enfants voient leurs parents une demi-heure par jour et sont confiés à des nurses de langues différentes de leur langue maternelle, ce qui crée des problèmes de communication entre parents et enfants.*[83]*"*. La Cour de Cassation[84] a fait application des dispositions de l'article 227-12 au sujet d'enfants envoyés en Inde dans une école dirigée par des adeptes du Sahaja Yoga. Rejetant le pourvoi fondé sur la liberté d'éducation, elle fait valoir que les juges du fond n'avaient pas violé le principe de liberté de choix éducatif des parents mais avaient seulement constaté que la mise en œuvre de ces choix donnait naissance aux éléments constitutifs de l'infraction.

---

[83] Décision citée par Catherine VIDAL-ENGHAURAN in "Le droit face aux adeptes des sectes" (précité) p. 178.

[84] Cf. CASS, Crim, 11/07/1994, D.1994, p. 223.

Conclusion : Le droit familial offre donc à l'enfant une protection très large puisqu'elle s'applique à tous les types d'atteintes et qu'elle s'exerce à l'encontre de toute personne, y compris le mineur lui-même. Nous avons pu relever que les dangers les plus fréquemment rencontrés étaient les "maltraitances indirectes" (notamment le refus de soins) et l'isolement de l'enfant vis-à-vis du reste de la société. Cette dernière situation nous semble la plus dommageable à plusieurs titres. En premier lieu, elle induit un conditionnement idéologique et la perte de toutes références autres que celles existant dans la communauté. Il en résulte parfois un détachement à l'égard de "l'extérieur" qui est dangereux en soi et peut s'avérer dramatique lorsqu'il se transforme en rejet ou en haine. Par ailleurs, c'est ce même isolement qui représente la plus grande entrave à la mise en place des mesures protectrices que nous avons évoquées. La difficulté tiendra souvent à la saisine du juge et sera accrue si les deux parents sont membres de la secte et que l'enfant ne peut ou ne veut communiquer avec des personnes étrangères au groupe. Ainsi, à l'instar du majeur dont la liberté théoriquement affirmée se trouve limitée en pratique, le mineur voit sa protection, pourtant érigée en principe, être diminuée pour des raisons purement factuelles.

Conclusion de la première partie : Malgré les nuances que nous avons évoquées, il reste que le droit donne la priorité à la liberté religieuse en ce qui concerne le majeur, à la protection quand il s'agit de l'enfant.
Néanmoins, l'étude que nous avons jusqu'ici présentée n'a pris en compte les situations que de manière isolée, en les soustrayant aux interférences que pourraient constituer les droits et libertés d'autrui. Il nous reste donc à examiner les cas où les priorités juridiques s'entrechoquent. Dans le cadre familial, ces oppositions seront de plusieurs types : elles pourront mettre aux prises la liberté religieuse des uns avec la protection des autres, elles pourront aussi rendre incompatibles les libertés religieuses entre elles.
Face à ces divergences, le droit de la famille va devoir concilier ou, au contraire, opérer des choix. La tâche n'est pas aisée car il ne s'agit plus de privilégier, à l'échelle d'un individu, une valeur philosophique au détriment d'une autre, mais de régler un litige entre deux personnes justifiant d'un intérêt juridiquement protégé.

DEUXIEME PARTIE

LA GESTION DES CONFLITS D'INTERETS

Plan : La question des conflits d'intérêts se soulève à deux niveaux :
Nous venons de voir que le mineur a le droit, parfois malgré lui, d'être protégé contre les différentes atteintes dont il peut faire l'objet. A l'opposé, le majeur dispose de la possibilité d'exercer librement ses croyances pourvu qu'elles ne portent pas préjudice à l'ordre public. Un premier type de conflit risque donc de se présenter lorsque les pratiques religieuses des parents entraîneront un péril pour leurs enfants.
Par ailleurs, si la liberté de culte est reconnue, elle l'est pour chaque individu. Dès lors, un second type de conflit va naître lorsque, au sein de la famille, une personne ne pourra mettre en application ses convictions sans heurter celles des autres.

CHAPITRE 1 :

LE CONFLIT ENTRE PROTECTION DE L'ENFANT ET LIBERTE RELIGIEUSE DES PARENTS

Divergence de solution selon le type de conflit et l'ordre juridictionnel envisagé : Les conflits entre protection et liberté ne sont pas réglés de la même façon par l'ordre administratif et l'ordre judiciaire. De manière générale, on peut affirmer que la Cour de Cassation est plus respectueuse de la liberté religieuse, telle que définie par la Convention européenne des Droits de l'Homme, que ne l'est le Conseil d'Etat. Néanmoins, au cœur même de la jurisprudence judiciaire, il faut distinguer entre les matières : si les juges nationaux se rapprochent de la position de la Cour de Strasbourg lorsqu'ils traitent de l'attribution de la garde des enfants après divorce, ils s'en éloignent lorsque les litiges ont trait à l'assistance éducative.

Nous séparerons donc l'étude des conflits touchant à la garde des enfants de ceux relatifs au placement du mineur en vue d'une adoption ou en vertu d'une mesure d'assistance.

SECTION 1 : LES CONFLITS RELATIFS A LA GARDE DE L'ENFANT

Référence : La Cour Européenne des droits de l'homme s'est prononcée sur cette question dans un arrêt Hoffmann du 23 juin 1993[85]. Cette décision tient aujourd'hui lieu de référence en ce qui concerne l'interprétation par la Cour de l'article 14 de la C.E.D.H relatif à la liberté religieuse.
Il est donc intéressant de s'attarder quelque peu sur la position de la Cour européenne avant d'étudier celle de nos juridictions nationales.

---

[85] Cf. Cour EDH, 23/06/1993, "Hoffmann", PA 17/11/1993, p.20, note Isabelle ROUVIERE-PERRIER, D. 1994, p.327, note Jean HAUSER, PA 10/08/1994, p. 53, note Benoît JORION.

LA POSITION DE LA COUR EUROPEENNE DES DROITS DE L'HOMME

L'hypothèse posée par l'affaire "Hoffmann" : En l'espèce, le litige opposait deux époux de nationalité autrichienne. D'origine catholique, comme son mari, la femme était devenue Témoin de Jéhovah après la naissance de ses deux enfants. Au bout de quatre années de vie commune elle quitta le domicile conjugal avec ces derniers. Le conjoint saisit alors le Tribunal d'Innsbruck pour qu'il statue sur l'attribution de la garde.
Les juges du fond confièrent les enfants à la femme en arguant de sa plus grande disponibilité et repoussèrent les arguments du mari fondés sur la nouvelle conviction religieuse son épouse. Ils considérèrent en effet que le risque d'isolement des enfants était minime et que le refus de transfusion sanguine pouvait toujours être tourné par l'utilisation d'un palliatif juridique.
La Cour suprême autrichienne réforma la décision en invoquant trois arguments : en premier lieu, elle fit référence à la loi sur l'éducation religieuse interdisant à un époux de modifier seul, pour l'enfant, la religion qui était celle des parents au moment du mariage. Elle évoqua en outre le système autrichien de reconnaissance légal des religions duquel les Témoins de Jéhovah étaient exclus. En second lieu, la Cour fit valoir que le refus des transfusions était susceptible de porter préjudice à la santé de l'enfant. Enfin, elle estima qu'il existait pour les mineurs un risque de marginalisation.
L'affaire fut alors portée devant la Cour européenne, la requérante invoquant la violation des articles 8 et 14 de la C.E.D.H.[86]

Contenu et portée de la décision : La Cour de Strasbourg conclut à une violation de l'article 14 combiné avec l'article 8 dénotant une

---

[86] Cf. A. 8 : "Toute personne a droit au respect de sa vie privée et familiale, de son domicile et de sa correspondance."

A 14 : "La jouissance des droits et libertés reconnus dans la convention doit être assurée sans distinction aucune, fondée sur le sexe, la race, la couleur, la langue, la religion, les opinions politiques ou toutes autres opinions, l'origine nationale ou sociale, l'appartenance à une minorité nationale, la fortune, la naissance ou toute autre situation."

discrimination fondée sur la religion.
La portée de cet arrêt est double : tout d'abord, les juges indiquent que *"nonobstant tout argument contraire possible, on ne saurait tolérer une distinction dictée pour l'essentiel par des considérations d'ordre religieux"*. Cela signifie que la seule appartenance à une religion ne peut être invoquée pour déterminer l'attribution de la garde des enfants. En l'espèce, la juridiction autrichienne avait évoqué le risque potentiellement lié à l'adhésion aux Témoins de Jéhovah mais n'avait pas démontré l'existence réelle de ce risque pour les enfants. Si elle l'avait fait, elle n'aurait peut-être pas été censurée puisque la Cour de Strasbourg déclare *"ne pas nier que dans certaines circonstances les données invoquées par la Cour suprême d'Autriche à l'appui de sa décision puisse faire pencher la balance en faveur d'un parent plutôt que l'autre"*. On peut donc en conclure qu'une motivation basée non pas sur la présence d'un risque théorique mais sur une pratique dangereuse effectivement constatée autoriserait une restriction non discriminatoire à la liberté de culte.
C'est ici le deuxième intérêt de l'arrêt Hoffmann qui dresse les limites de la liberté de religion en cas de danger effectif pour l'enfant et qui précise en outre quelle doit être la nature de ce danger.
Mme Isabelle Rouvière-Perrier rappelle dans sa note[87] que tous les principes définis par la C.E.D.H n'ont pas la même portée : certains sont intangibles et ne peuvent faire l'objet d'aucune dérogation (c'est le cas du droit à la vie, du droit de ne pas être torturé, du droit à ne pas être placé en esclavage et du droit à la non-rétroactivité de la loi pénale) alors que les autres sont conditionnels, ce qui signifie que l'on pourra y apporter certaines exceptions. C'est dans cette dernière catégorie que se rangent le droit à l'absence de discrimination en fonction de la religion et celui au respect de la vie familial (articles 14 et 8 de la C.E.D.H). Ils pourront donc faire l'objet de restrictions qui, pour être conformes à la convention, devront néanmoins être prévues par la

---

[87] Cf. Isabelle ROUVIERE-PERRIER, "les Témoins de Jéhovah devant la Cour Européenne des Droits de l'Homme" , PA 17/11/1993, p 25.

loi et nécessaires eu égard à diverses exigences sociales[88]. Au fil de sa jurisprudence, la Cour de Strasbourg a fait application de cette règle en affirmant par exemple que "l'article 14 interdit de traiter de manière différente, *sauf justification objective et raisonnable*, des personnes placées dans des situations comparables"[89]. De même, elle a indiqué à plusieurs reprises que "la différence de traitement, pour être acceptable, doit reposer sur un *but légitime* et présenter un *rapport raisonnable de proportionnalité entre les moyens employés et le but visé*"[90].

Ce sont ces termes qui ont été repris dans l'hypothèse qui nous intéresse. Il y avait bien un but légitime, à savoir la protection de l'enfant, mais les moyens employés (confier la garde au père plutôt qu'à la mère) ont été jugés disproportionnés. La Cour a constaté que le risque pour l'enfant devait être analysé en tenant compte de l'application effective des croyances de l'adepte mais aussi de l'aptitude de la législation nationale à y faire face. En l'espèce, la mère avait renoncé à empêcher les enfants de participer, avec leur père, aux fêtes religieuses chrétiennes. Elle ne s'opposait pas davantage à ce qu'ils bénéficient de transfusions le cas échéant. En outre, la loi autrichienne contenait des dispositions permettant, en cas d'urgence, de procéder aux soins sans accord parental.

En conséquence, la Cour conclut "que le refus de garde était disproportionné avec le *risque réellement encouru* par les enfants".

L'arrêt Hoffmann résout donc à l'échelle européenne le conflit d'intérêts relatif à la garde de l'enfant : la liberté religieuse des parents n'a pas un caractère absolu et peut donc être limitée par la nécessaire protection des mineurs. Néanmoins, les restrictions doivent être fondées non sur l'appartenance à un mouvement

---

88 Cf. par exemple A 8 CEDH : "Il ne peut y avoir ingérence d'une autorité publique dans l'exercice de ce droit que pour autant que cette ingérence est prévue par la loi et qu'elle constitue une mesure qui, dans une société démocratique, est nécessaire à la sécurité nationale, à la sûreté publique, au bien-être économique du pays, à la défense de l'ordre et à la prévention des infractions pénales, à la protection de la santé et de la morale, ou à la protection des droits et libertés d'autrui";

89 Cf. par exemple Cour EDH, 26/11/1991, "Sunday Times", série A, n° 217 p.32.

90 Cf. par exemple Cour EDH, 23/10/1990, "Darby" , série A, n°187, p12.

spirituel, mais sur la dangerosité des pratiques liées a cette appartenance. Enfin, dans l'appréciation de cette dangerosité, l'analyse doit demeurer très pragmatique.
Il reste à savoir comment les juridictions internes vont gérer ce conflit et dans quelle mesure elles vont être influencées par la jurisprudence de la Cour européenne.

LA POSITION DES JURIDICTIONS NATIONALES

En France, il résulte de l'article 287 du Code civil que l'autorité parentale après divorce est exercée soit en commun par les deux parents soit par l'un d'eux, en fonction de l'intérêt des enfants. De plus, si l'exercice est commun, le juge indiquera le parent chez qui résidera habituellement l'enfant.
Les juges du fond, lorsqu'ils sont saisis d'affaires relatives à l'attribution de l'autorité parentale semblent aller dans le sens prescrit par la Cour de Strasbourg. En effet, ils ne se basent pas sur l'appartenance religieuse des conjoints mais sur les conséquences pratiques liées à leurs croyances[91]. Il existe malgré tout des nuances dans l'appréciation du caractère dangereux de ces pratiques ainsi que dans les solutions à mettre en place pour que l'enfant n'en souffre pas.
M. Hauser[92] distingue deux courants dans la jurisprudence française : pour un premier groupe de décisions, l'autorité parentale pourra être confiée au parent adepte dès lors que l'on constatera une modération dans ses pratiques religieuses. Pour un second groupe, il faudra en plus que soit organisé un contrôle de l'autre parent ou du juge.

Modération dans les pratiques religieuses : Certaines décisions

[91] Cf. par exemple TGI RODEZ, 29/06/1992, Gazette du Palais 1993 sommaire p.49 : "Il n'appartient pas au juge de comparer les mérites ou les dangers, les bienfaits ou les inconvénients respectifs d'une religion dominante par rapport à une secte minoritaire. Le juge doit non pas procéder par voie d'affirmations générales mais rechercher si, dans le cas d'espèce, les activités des père et mère au sein d'une secte (...) présentent des avantages ou des inconvénients au regard de l'intérêt de l'enfant.".
[92] Cf. Jean HAUSER, note sous Cour EDH 23/06/1993 (précité), p. 328.

recherchent si l'adepte qui réclame la garde fait une application stricte des préceptes sectaires. Si tel est le cas et que ces commandements comportent des risques pour le mineur, l'autorité parentale pourra être confiée au parent non-adepte[93]. Si l'application est au contraire modérée, la garde (ou au moins un droit de visite) sera accordé au conjoint membre de la secte. Ainsi, la Cour d'Appel de Poitiers[94] ayant constaté que *"la mère manifestait une pondération dans l'application de ses principes religieux à l'éducation des enfants"* en déduit *"qu'il n'existe aucun risque actuel sur le plan des relations sociales générales."* De même, la Cour d'appel de Dijon[95] accorde l'autorité parentale à l'adepte d'une secte après avoir relevé que la doctrine du mouvement, prônant une éducation très sévère, était appliquée sans excès. Les juges vont même jusqu'à préciser *"qu'une éducation trop permissive n'est pas non plus une qualité".*

La mise en place d'un contrôle : Un autre groupe de décisions préfère subordonner la garde de l'enfant par l'adepte à un contrôle de l'autre parent ou du juge. Ainsi, certains arrêts constatent que *"l'intérêt d'une autorité parentale conjointe est de permettre un contrôle mutuel des parents*[96]*."* Un autre relève que *"le conjoint conserve un pouvoir de décision dans le domaine médical*[97]*"* et n'est donc pas concerné par le refus de transfusion émis par l'époux titulaire de l'autorité parentale. Une troisième décision prévoit encore que le parent non-gardien pourra saisir le juge en cas de danger pour l'enfant[98].

Une partie de la jurisprudence va plus loin dans le sens du contrôle, au risque de paraître critiquable au regard de la liberté religieuse. La cour d'appel de Bordeaux[99], par exemple, confie

---

[93] Cf. CA METZ, 21/01/1996, inédit : garde confiée au parent non-adepte du fait de l'application par les parents de la doctrine très libertaire et permissive de la secte, jugée contraire à l'intérêt de l'enfant.
[94] Cf. CA POITIERS, 11/09/1991.
[95] Cf. CA DIJON, 24/01/1990 .
[96] Cf. TGI AVIGNON, 17/01/1991, CA POITIERS, 11/09/1991.
[97] Cf. TGI BEZIERS, 04/07/1991.
[98] Cf. TGI BETHUNE, 31/05/1988.
[99] Cf. CA BORDEAUX, 19/08/1991, Cahier de jurisprudence d'Aquitaine, 1992,

l'autorité et la résidence au père en précisant que cette décision est due non à l'engagement spirituel de la mère mais à son état de fragilité psychologique. Apparemment respectueuse du cadre fixé par l'arrêt Hoffmann, la juridiction française le dépasse en précisant que le droit de visite reconnu à la mère ne l'est qu'à la condition qu'elle ne fasse plus participer l'enfant à la célébration du culte des Témoins de Jéhovah. Dans le même sens, la Cour d'appel de Colmar[100], après avoir affirmé que l'appartenance à une secte était indifférente et qu'il n'y avait pas de risque d'endoctrinement, indique que l'autre époux pouvait surveiller l'éducation des enfants et s'opposer à ce qu'ils assistent aux réunions religieuses.

Appréciations : En ce qui concerne le premier groupe de décisions, l'emploi de la notion de modération religieuse semble conforme aux critères posés par la Cour de Strasbourg. Pour le second groupe, la réponse est un peu plus mitigée : lorsque les juges affirment ne pas s'attacher à la seule appartenance religieuse pour déterminer l'octroi de la garde ou d'un droit de visite, ils respectent bien le principe de non-discrimination fixée par la C.E.D.H. Un problème se pose par contre lorsque les magistrats confèrent à l'autre parent la possibilité de contrôler l'éducation des enfants. La chose se justifie parfaitement lorsque cette faculté à pour but d'empêcher que le mineur soit victime de dommages (c'est le cas lorsque le conjoint non-adepte se voit reconnaître le droit de s'opposer au refus de soins ou de saisir le juge par la voie de l'assistance éducative). Elle est beaucoup plus discutable lorsqu'elle consiste à permettre que le parent non-titulaire de l'autorité parentale s'oppose à ce que l'enfant soit éduqué selon les principes fixés par la secte alors même que ceux-ci ne comporteraient pas de risque pour lui. En effet, s'il apparaît que les pratiques sectaires sont inoffensives, le parent qui n'exerce pas l'autorité parentale ne devrait avoir qu'un droit *d'information* sur l'éducation religieuse de l'enfant (cf. article 288 du Code civil). En conséquence, la dernière décision que nous avons évoquée semble,

---

p.67.

[100] Cf. CA COLMAR, 20/02/1989.

sur ce point, contraire au principe de non-discrimination fixé par la Convention européenne mais aussi aux dispositions de notre droit interne.
De manière plus générale, il faut prendre garde à ce que les juges n'abusent pas de la notion d'intérêt de l'enfant dans leurs décisions. Ce concept est valable lorsqu'il permet d'assurer l'intégrité du mineur mais ne doit pas conduire à porter un jugement de valeur sur la religion envisagée. En outre, l'intérêt de l'enfant ne se confond pas avec sa volonté. Son refus de partager la croyance de l'un de ses parents ne doit pas être un élément décisif dans l'attribution de l'autorité parentale, d'autant que les juges nationaux ne lui reconnaissent aucune liberté religieuse[101].

Conclusion : Sous réserve des critiques que nous venons d'évoquer, on peut affirmer que la jurisprudence française, lorsqu'il est question d'attribution de l'autorité parentale après divorce, respecte la position défendue par la Cour européenne des droits de l'homme. Le conflit d'intérêts sera donc résolu en faveur de la liberté de culte des parents qui prévaudra sur la protection de l'enfant chaque fois que l'existence d'un *danger concrètement avéré* ne sera pas démontré. En cas contraire, et en toute logique, les atteintes à l'intégrité du mineur ne pourront se justifier par le principe de liberté religieuse.
La situation est différente pour les cas d'adoption ou de placement en vertu d'une mesure d'assistance. Dans ces hypothèses, la Cour de Cassation et le Conseil d'Etat adoptent une position très restrictive basée sur les *risques éventuels* que court l'enfant maintenu ou placé auprès d'adeptes de sectes.

---

[101] Cf. infra, " les conflits de libertés religieuses".

SECTION 2 :LES CONFLITS RELATIFS AU PLACEMENT DE L'ENFANT

Le conflit d'intérêts se manifestera ici dans deux situations : soit il s'agit d'une demande d'agrément administratif aux fins d'adoption, présentée par un couple membre d'une secte ; soit l'enfant a fait l'objet d'une mesure d'assistance éducative visant à l'éloigner de ses parents ou de l'un d'eux.

LE CONFLIT EN MATIERE D'ADOPTION

Mécanisme de l'adoption : L'adoption est régie par les articles 343 et suivants du Code civil. Elle peut être simple (l'adopté reste alors dans sa famille d'origine et y conserve tous ses droits, notamment héréditaires[102]) ou pleinière (elle confère alors une filiation qui se substitue à la filiation d'origine[103]). Dans les deux cas, c'est le Tribunal de grande instance qui vérifie si les conditions de la loi sont remplies et si l'adoption est conforme à l'intérêt de l'enfant[104]. Néanmoins, lorsque l'adoption vise les pupilles de l'Etat ou les enfants étrangers (loi du 25/07/1985), il est nécessaire d'obtenir un agrément de la part du responsable du service d'aide sociale à l'enfance. Cette formalité est contrôlée par la juridiction administrative, ce qui explique que le Conseil d'Etat a eu à se prononcer sur la possibilité pour des personnes membres d'une secte, d'adopter un enfant.

Arrêt du Conseil d'Etat du 24 avril 1992 : Cette décision a fait l'objet de nombreux commentaires et critiques[105], notamment quant à sa conformité avec les principes de non-discrimination.
Les faits étaient les suivants : désireux d'adopter un enfant, un couple de Témoins de Jéhovah présente une requête devant le directeur des actions sociales du Doubs. Ce dernier refuse

---

[102] Cf. A. 364 du Code civil.
[103] Cf. A. 356 du Code civil.
[104] Cf. A. 353 du Code civil.
[105] Cf. Isabelle ROUVIERE-PERRIER, D. 1993, p. 234 et PA 10/08/1994 p.44; Jean HAUSER, RTDC 1992, p. 550 ; Benoît JORION, PA 10/08/1994, p. 53.

d'accorder l'agrément malgré les rapports d'experts favorables. Il invoque à l'appui de sa décision le risque pour l'enfant créé par l'opposition des Témoins aux transfusions sanguines.
Les requérants exercent alors un recours hiérarchique devant le Président du Conseil Général. Celui-ci refuse à son tour mais cette fois après avoir entendu les époux affirmer qu'ils entendaient appliquer, pour eux-mêmes et pour l'enfant, les préceptes de leur religion. Les adoptants se tournent alors vers le Tribunal administratif de Besançon qui annule les deux décisions pour des motifs distincts.
Les juges font d'abord valoir que le défaut de consultation des époux avant la première sentence violait le décret du 23 août 1985[106] impliquant que l'agrément soit apprécié en fonction des conditions d'accueil offertes et non sur la base d'un jugement in abstracto des candidats à l'adoption. La seconde décision est également censurée, du fait de l'insuffisance de sa motivation, pourtant exigée par le décret.
Saisi d'un recours formé par l'autorité administrative, le Conseil d'Etat décide d'annuler la totalité du jugement de première instance en arguant que *"les candidats à l'adoption adhéraient personnellement à la doctrine des Témoins de Jéhovah sur le refus des transfusions sanguines"* et que, dès lors, *"ils ne réunissaient pas les garanties suffisantes pour accueillir un enfant"*. Ce faisant, le Conseil se place sur le terrain de la pratique et non de la seule appartenance. Néanmoins, il valide une décision (la première citée) refusant l'agrément sur la seule base de l'adhésion au mouvement religieux et à ses préceptes.

Appréciations : Pour Mme Rouvière-Perrier[107], cet arrêt implique que la seule déclaration d'appartenance à une religion suffit à interdire l'adoption ce qui, selon l'auteur, constitue *"une violation du droit de tous les adoptants de voir leurs dossiers étudiés conformément aux dispositions du décret de 1985, c'est-à-dire uniquement par rapport aux conditions d'accueil susceptibles d'être offertes."*

---

[106] Décret n° 85-938 du 23/08/1985.
[107] Cf. Isabelle ROUVIERE-PERRIER, PA 10/08/1994 (précité), p 47.

L'auteur relève que la décision est d'autant plus surprenante que la jurisprudence administrative est en principe assez souple sur la question de l'agrément. Dans ses précédentes décisions, en effet, le Conseil se fondait sur le critère objectif posé par le décret pour apprécier l'opportunité d'une adoption. De plus, il ne retenait qu'une conception moyenne de la famille adoptive, lui accordant certains "défauts". Ainsi, a-t-il pu censurer un refus d'agrément opposé à une femme célibataire au sujet de laquelle le rapport d'expert relevait une certaine fragilité psychologique. Dans la même logique, le Tribunal administratif de Versailles annula le refus opposé à une personne seule, divorcée et transsexuelle.
Lorsqu'il est question de sectes, la juridiction administrative se montre, nous l'avons vu, beaucoup moins conciliante. La méfiance à l'égard de ces communautés n'est pas nouvelle, le Conseil ayant déjà refusé en 1985[108] d'octroyer aux Témoins de Jéhovah le statut d'association cultuelle.
Ces prises de position partisanes sont détestables, autant que cette façon d'appliquer la loi différemment selon la religion des intéressés. C'est là une atteinte grave aux libertés de penser et de culte mais aussi aux concepts de légalité ou de sécurité juridique, concepts souvent malmenés par le droit administratif.
Au-delà de cet aspect formaliste, il faut s'interroger sur le fond et se demander si effectivement l'intérêt de l'enfant justifie qu'il ne puisse être adopté par des Témoins de Jéhovah. Pour Mme Rouvière-Perrier, la réponse semble être positive, l'auteur se disant moins choqué par la finalité de la décision que par le "détachement" à l'égard des textes dont elle fait preuve. A l'inverse, M. Hauser[109] estime que le résultat même de cet arrêt est contestable. Il fait valoir que l'agrément administratif n'a pas vocation à assurer à l'enfant une protection supérieure à celle des autres mais simplement équivalente. Dès lors, il peut paraître

---

[108] Cf. CE 01/02/1985 (précité) : le Conseil d'Etat a refusé d'accorder aux Témoins de Jéhovah le statut d'association cultuelle en se basant pour la première fois sur la notion "d'intérêt national". Cette décision a été particulièrement critiquée en doctrine car, jusque là, le statut était conféré dès lors que l'association avait un but purement cultuel, ce qui était le cas en l'espèce.
[109] Cf. Jean HAUSER, RTDC 1992, p. 550 (précité).

incongru que les pupilles de la nation ou les enfants étrangers soient, du fait de la dualité juridictionnelle, soumis à des règles différentes de celles applicables aux autres enfants adoptables. En outre, si l'on refuse la filiation adoptive à des individus en se fondant sur la seule éventualité du risque qu'ils font courir aux mineurs, pourquoi alors ne pas leur interdire une filiation légitime ou naturelle et retirer l'autorité parentale à tous les adeptes des sectes ? L'argument, apparemment exagéré, relève de la même logique que celle développée par le Conseil d'Etat.
L'auteur note encore le caractère approximatif de ces décisions qui préjugent de l'attitude des parents. Il remarque que l'on ne peut jamais déterminer à l'avance ce que sera leur réaction lorsqu'ils seront effectivement confrontés au danger. Dès lors, il suggère de ne pas agir a priori et de laisser au juge aux affaires familiales le soin de prendre, le cas échéant, le mesures qui s'imposent.
A ces critiques, on peut ajouter que l'on prive les parents d'un lien de filiation en prétextant un danger très hypothétique. En effet, la probabilité de recourir à une transfusion sanguine avant la majorité de l'enfant est relativement faible. En outre, certains Témoins admettent parfaitement le recours à l'auto-transfusion ou à l'utilisation de produits de substitution. Enfin, le risque peut toujours être contourné par une mesure d'assistance éducative ou l'intervention d'office d'un médecin en cas d'urgence.

Compatibilité avec la C.E.D.H : Au vu des commentaires sévères dont il a fait l'objet, l'arrêt du Conseil d'Etat pose la question de savoir si la France encoure une condamnation européenne.
La Cour de Strasbourg ne s'est pas prononcée précisément sur le problème de l'adoption mais il semble que l'on puisse y transposer la solution de l'arrêt Hoffmann rendue en matière de garde d'enfants. Dans cette décision, la Cour européenne avait sanctionné la différence de traitement basée sur la religion mais aussi le fait que l'on ne tienne pas compte, dans l'appréciation du danger, de tous les paramètres (notamment les palliatifs juridiques au refus de soins) permettant de le restreindre. Ces deux griefs se retrouvant dans la jurisprudence administrative relative à l'agrément, on peut

craindre que la France soit sanctionnée.
Le risque est d'autant plus grand que l'argument basé sur le défaut d'autonomie de l'article 14 de la convention n'a aujourd'hui plus lieu d'être. En effet, à l'époque de l'arrêt Hoffmann, la Cour de Strasbourg considérait que l'article 14 ne pouvait être utilisé isolément mais devait faire l'objet d'une "combinaison" avec un autre droit reconnu par la C.E.D.H. (en l'espèce l'article 8 relatif au respect de la vie privée et familiale).
Certains auteurs ont remarqué avec justesse que la condamnation de la France serait difficile, la C.E.D.H ne consacrant pas expressément un droit à l'adoption.
Cette analyse n'est plus pertinente aujourd'hui, la Cour européenne appliquant désormais de façon autonome l'article 14 de la convention. Dès lors, la seule différence de traitement en fonction de la religion suffira (si elle n'est pas justifiée par l'existence d'un but légitime et l'utilisation de moyens proportionnés) à remettre en cause la position française sur l'agrément administratif avant adoption.
L'arrêt du Conseil n'est donc pas à l'abri d'une censure, pas plus d'ailleurs que la jurisprudence de la Cour de Cassation relative à l'assistance éducative.

LE CONFLIT EN MATIERE D'ASSISTANCE EDUCATIVE

De la protection à la discrimination : Nous avons déjà vu que les mesures d'assistance éducative constituent une bonne protection de l'enfant face aux dérives sectaires[110]et qu'elles se justifient par le désir de maintenir l'intégrité du mineur, quitte à passer outre sa volonté. Néanmoins, ce dispositif vient aussi à l'encontre de la liberté religieuse des parents, ce qui nous met en présence d'un nouveau conflit d'intérêts.
Le droit va résoudre cette opposition à l'avantage de la protection de l'enfant. Chaque fois qu'il sera en danger, l'assistance pourra être mise en place et les atteintes subies ne pourront se justifier par quelques convictions que ce soit.
Cette position est compréhensible et s'explique par le fait que le

---

[110] Cf. Supra, "Le droit familial et le mineur : la priorité donnée à la protection."

mineur, au vu de sa faiblesse, dispose d'un intérêt supérieur aux autres. Le problème se pose néanmoins de déterminer ce qu'il faut entendre par "enfant en danger". Cette notion est essentielle puisque c'est elle qui permet de décider si les dispositions d'assistance peuvent ou non être mises en œuvre. Dans certains cas, il n'y a pas de difficulté car le mineur est soumis à des contraintes physiques ou morales[111] vérifiables. La situation est parfois plus ambiguë lorsque les juges déduisent le danger en se fondant davantage sur des a priori liés au contexte sectaire que sur de véritables constatations factuelles.

Dans un arrêt du 31 janvier 1963[112] où il n'était pas encore question de secte, la Cour d'Appel de Paris eut à se prononcer sur une affaire opposant des parents protestants à leur fille, placée à sa demande dans un internat catholique. Les parents critiquaient ce placement et souhaitaient que l'enfant soit soumise à une éducation protestante. Outre le fond de l'affaire, qui s'est conclu par le maintien du mineur dans l'internat pour des raisons pratiques (aucune institution protestante ou neutre n'étant susceptible de recueillir l'enfant), c'est la formulation employée par la Cour qui fut le plus surprenante. Celle-ci s'est en effet déclarée fondée à intervenir *"chaque fois qu'un droit dépendant de la puissance paternelle*[113] *risque de compromettre la santé, la sécurité ou la moralité du mineur"*.

Le doyen Carbonnier releva le caractère abusif de cette motivation eu égard à l'article 375 du Code civil[114] exigeant un danger réalisé : *"Le risque ne suffit pas. La puissance paternelle peut comporter un risque pour l'enfant, le juge des enfants n'en devient pas compétent pour autant"*.

Par la suite, la jurisprudence s'est montrée plus rigoureuse, la Cour de cassation[115] affirmant la nécessité, pour ouvrir une mesure d'assistance, que le juge constate un danger réel et sérieux et non

---

[111]Cf. TGI NANCY, 07/11/1983, CA RENNES, 18/02/1993, CA MONTPELLIER, 20/10/1994 (cités supra).

[112] Cf. CA PARIS, 31/01/1963, JCP 1963, n°.13235, note Jean CARBONNIER.

[113] Il faudrait aujourd'hui parler d'autorité parentale.

[114] Relatif aux conditions de mise en place des mesures d'assistance éducative (cf. supra)

[115] Cf. CASS, 1°Civ, 20/10/1987 (précité).

qu'il apprécie en opportunité.
Prenant acte de cette position, la Cour d'Appel de Dijon[116] va affirmer que l'appartenance à une religion est indifférente et qu'il est nécessaire de se référer à ses conséquences pratiques pour engager le dispositif des articles 375 et suivants du Code civil.
Dans ce contexte, les commentateurs ont été quelque peu étonnés par la décision de la première chambre civile de la Cour de Cassation datée du 28 mars 1995. Un jeune garçon avait été placé dans un service d'aide sociale par le juge des enfants, ce dernier estimant que *"les conditions de vie de tous les enfants de la secte étaient de nature à compromettre leur évolution et leur équilibre psychologique"*. La décision fut réformée sur appel des parents, la Cour relevant que *"les certificats médicaux produits ne faisaient état que de troubles sans valeur significative et ne signalaient aucun sévice corporel"* sur l'intéressé. La Cour suprême annula ce dernier arrêt au motif que les juges n'avaient pas cherché à savoir si *aucun enfant de la secte* n'était en danger.
Pour M. Hauser, cette décision est contestable, notamment sur un plan probatoire. En effet, imposer que les parents démontrent l'absence de danger pour tous les enfants de la secte revient à présumer que l'appartenance à un mouvement religieux induit par elle-même l'existence d'un péril.
Il s'agit là d'une violation manifeste de l'article 375 du Code civil qui impose de prouver le danger de façon individuelle et non collective. De plus, il apparaît que ce traitement est réservé aux sectes ce qui ajoute une discrimination religieuse à l'illégalité.
Notons enfin que la présomption risque de devenir irréfragable si, effectivement, certains enfants ont été soumis à un danger. Dès lors, un parent pourra voir son autorité diminuée par une mesure d'assistance alors que ses enfants n'auraient subi personnellement aucun dommage. Le risque d'arbitraire est ici très présent et on peut craindre que la protection devienne pour le juge un prétexte lui permettant d'imposer aux parents et aux enfants une éducation qu'il estime meilleure par référence à ses propres convictions. En tout état de cause, cette décision est en complet désaccord avec la jurisprudence européenne et risque de valoir à la France une

[116] Cf. CA DIJON, 04/06/1991, RTDC 1992, p. 75, note Jean HAUSER.

condamnation si le problème vient à se poser devant la Cour de Strasbourg.

Conclusion : Qu'il s'agisse de l'adoption ou de l'assistance éducative, on se rend compte que le conflit d'intérêts est tranché en faveur de la protection du mineur. Cette solution prévaut lorsque l'enfant est en danger, ce qui n'est pas discutable, mais aussi quand il ne fait que risquer de subir un préjudice, ce qui l'est beaucoup plus.

De manière générale, la résolution des différents conflits d'intérêts tient à l'interprétation, donnée par le juge, des notions "d'absence de danger" et "d'intérêt de l'enfant". Il apparaît que la jurisprudence française donne à ces concepts une connotation trop théorique, se basant plus sur "l'éventuel" que sur "l'existant".

Bien évidemment, on peut comprendre que lorsqu'ils sont confrontés aux faits et pressentent un risque potentiel , les juges tirent un peu sur les textes et anticipent les problèmes. Pour autant cela n'est pas admissible aux yeux de la légalité et de la rigueur juridique. En outre, quand ils préjugent de l'avenir, les magistrats sont susceptibles de commettre des erreurs d'appréciation. Celles-ci pourront se révéler dramatiques pour l'enfant ou ses parents, d'autant plus quand on connaît la gravité d'une mesure d'assistance ou d'un refus d'agrément. Enfin, il faut se garder de rendre dangereux a priori ce que l'on ne connaît pas, car cela porte un nom qui sied mal à l'autorité judiciaire d'un état démocratique. Dès lors, il nous semble que la France ferait bien de suivre la position européenne, tant sur l'interdiction des discriminations basées sur l'appartenance que sur l'appréciation des notions de danger et d'intérêt de l'enfant.

De danger pour le mineur il ne sera plus question dans les hypothèses que nous allons maintenant étudier. En effet, les conflits d'intérêts peuvent exister sans que soit en cause l'impératif de protection. Il s'agira alors simplement de déterminer comment le droit familial parvient à concilier deux libertés religieuses qui s'affrontent.

CHAPITRE 2 :

LES CONFLITS DE LIBERTES RELIGIEUSES AU SEIN DE LA FAMILLE

Plan : Nous avons vu que la liberté religieuse est reconnue à chaque individu majeur et qu'il peut la mettre en pratique dès lors que cela ne nuit pas à autrui. Au contraire, le mineur ne dispose pas de cette liberté si elle conduit à le mettre lui-même en péril.
Deux questions restent sans réponse :
D'une part, que va se passe-t-il lorsque la liberté religieuse d'un époux trouve sa limite dans celle de l'autre ?
D'autre part, en l'absence de tout danger pour lui, l'enfant peut-il choisir une religion contre la volonté de ses parents ?
Le conflit va ainsi prendre deux formes distinctes :
Il s'agira parfois d'une opposition entre les conjoints dont l'un estime que la conviction de l'autre est incompatible avec le maintien du mariage ou l'éducation des enfants.
Il sera dans d'autres cas question d'un différend entre parents et enfant sur le choix du culte de ce dernier.

SECTION 1 : LE CONFLIT DE LIBERTES RELIGIEUSES ENTRE EPOUX

Il conviendra ici de se demander si les convictions religieuses d'un époux peuvent constituer une faute susceptible d'engendrer un divorce ou, au contraire, permettre de s'opposer à cette séparation. Nous verrons ensuite quelles sont les solutions juridiques applicables lorsque des parents s'affrontent sur l'éducation religieuse à donner à l'enfant.

CONFLIT DE LIBERTES RELIGIEUSES ET DIVORCE

Religion, laïcité et divorce : De façon générale, on peut s'interroger sur le fait de savoir si les juges doivent prendre en compte les convictions religieuses des époux lorsqu'ils statuent sur un divorce. Autrement dit, doivent-ils adopter une conception négative de la laïcité qui ignore le domaine spirituel ou une conception positive, qui tient compte de toutes les religions en les traitant sur un pied d'égalité. La jurisprudence paraît assez tourmentée sur ce point. Il semble néanmoins possible d'affirmer que la conviction religieuse peut produire, indirectement, certains effets. Ainsi, la religion va-t-elle parfois faire obstacle au divorce. Il ne sera bien sûr pas question de demander au juge l'application des normes religieuses mais celui-ci tiendra compte des conséquences dommageables de la séparation, eu égard aux croyances de l'époux. La religion peut aussi constituer une faute engendrant un divorce. Là encore, ce n'est pas la confession elle-même mais ses conséquences qui seront prises en considération.

La religion obstacle au divorce : Le Code civil prévoit dans ses articles 237 et suivants la possibilité pour un époux de demander le divorce en raison d'une rupture prolongée (pendant six ans) de la vie commune ou si, du fait de l'altération des facultés mentales du conjoint (pendant la même durée), aucune communauté de vie ne subsiste plus entre les époux. Cette désunion est particulière puisqu'elle permet à un conjoint de décider seul de divorcer. Aussi, l'article 240 du Code civil établit-il un garde-fou visant à éviter que l'on ne tombe dans un régime de répudiation unilatérale : *"Si l'autre époux établit que le divorce aurait, soit pour lui, compte tenu notamment de son âge et de la durée du mariage, soit pour les enfants, des conséquences matérielles ou morales d'une exceptionnelle dureté, le juge rejette la demande. Il peut même la rejeter d'office dans le cas prévu à l'article 238*[117]*."*
La question s'est alors posée de savoir si les convictions religieuses pouvaient être invoquées pour faire jouer cette clause d'extrême dureté. La jurisprudence se montre restrictive. Certains tribunaux ont pu accepter la demande quand elle émanait, par exemple, de la femme d'un rabbin[118]. La tendance générale conduit

[117] C.à.d " si le divorce risque d'avoir des conditions trop graves sur la maladie du conjoint."
[118] Cf. TGI PARIS 10/03/1981 , JCP 1981, cité par Christian ATIAS dans sa

cependant à refuser en se montrant très exigeant sur la preuve du caractère insupportable de la séparation. Certains sont même allés plus loin en excluant de manière générale la possibilité de se prévaloir de ses croyances, au nom du principe de laïcité. Cette jurisprudence a conduit la Cour de cassation à réagir dans une décision du 14 avril 1983[119] par laquelle elle rappelle aux juges du fond leur obligation de mener *"une appréciation empirique au vu des circonstances de l'espèce"*.

Il ressort de l'ensemble de ces décisions que la religion ne peut pas interdire un divorce, de façon théorique. Aussi, ne saurait-on brandir le lien indissoluble du mariage religieux pour faire systématiquement obstacle à une désunion puisque celle-ci est prévue par la loi comme un aboutissement possible du mariage laïc. Par contre, si le divorce affecte véritablement le conjoint en raison de ses convictions religieuses, il pourra s'opposer à la séparation.

Cette solution nous paraît constituer un bon compromis et il serait exagéré de se retrancher, pour la réfuter, derrière le principe de laïcité. Refuser par principe que les convictions religieuses soient invoquées reviendrait à distinguer entre les formes d'atteintes subies par le conjoint, chose que ne fait pas l'article 240 du Code civil. En outre, si la religion ne doit pas constituer un avantage, elle ne doit pas non plus être préjudiciable aux croyants. C'est là, selon nous, une conception moderne de la séparation entre le temporel et le religieux.

La religion cause du divorce : Contrairement au problème précédent où les sectes n'étaient concernées qu'au même titre que les autres religions, elles réapparaissent ici au premier plan puisqu'il s'agit de savoir si l'appartenance à une communauté peut constituer une faute.

L'article 242 du Code civil dispose que *"le divorce peut être demandé par un époux pour des faits imputables à l'autre lorsque ces faits constituent une violation grave et renouvelée des devoirs*

---

chronique "Les convictions religieuses dans la jurisprudence française en matière de divorce", JCP 1984, p. 3151.

[119] CASS, 2°Civ, 14/04/1983, Léxilaser, n° 694.

et obligations du mariage et rendent intolérable le maintien de la vie commune". Il convient alors de se demander si le fait d'adhérer à une secte est constitutif d'une telle violation. D'un point de vue théorique, la négative semble s'imposer : comme l'écrit M.Florand[120], *"L'adhésion d'un époux, qu'elle soit le fruit d'un premier engagement religieux ou d'une conversion, est un acte individuel de liberté souveraine qui ne doit juridiquement en aucun cas, recueillir l'accord de son conjoint (...) La conversion ne saurait donc, en tant que telle, être fautive au sens de l'article 242 du Code civil".* La liberté de religion interdit donc que l'adhésion initiale ou la conversion soit constitutive d'une faute, même s'il faut réserver l'hypothèse où la secte présenterait ouvertement des théories contraires à l'ordre public[121]. Dans les autres cas, c'est vers les pratiques issues de cette appartenance qu'il faut se tourner pour déterminer si elles s'opposent aux obligations nées du mariage. C'est en ce sens que s'est orientée la jurisprudence française après avoir cependant connu quelques hésitations.

Dans un arrêt du Tribunal de Grande Instance d'Avignon, confirmé par la Cour d'Appel de Nîmes[122], l'affaire mettait aux prises deux époux mariés devant l'Eglise catholique. La femme s'était par la suite convertie aux Témoins de Jéhovah, ce qui poussa le mari à demander le divorce.

Les juges ont accueilli la requête et considéré que la décision de l'épouse de changer de religion était fautive. Cette décision fut contestée, notamment par le doyen Carbonnier qui émit deux séries de critiques. Il fit d'abord valoir que la liberté de conversion était une prérogative individuelle qui ne saurait être limitée par l'opposition du conjoint. Il releva aussi une discrimination entre la religion catholique romaine et les autres puisque les juges semblaient sous-entendre qu'elle était la seule à pouvoir faire obstacle à la liberté des conversions du fait du caractère

---

[120] Cf. Jean-Marc FLORAND, "Le divorce et l'autorité parentale", PA 10/08/1994, p. 49.

[121] Cf Jean HAUSER, RTDC juin 1996, p. 367.

[122] Cf. TGI AVIGNON, 20/12/1966 et CA NIMES, 10/06/1967, D.1969, p.366, note Jean CARBONNIER.

sacramental du mariage.
Il faut noter qu'en appel la solution est plus nuancée car les juges insistent davantage sur les pratiques de l'épouse (entraînant une déréglementation de la vie familiale) que sur l'adhésion elle-même. Cependant, on peut soupçonner qu'il ne s'agit là que d'une précaution de style d'autant que la Cour définit la secte comme une "déviance religieuse". Dès lors, ces décisions, en établissant une hiérarchie entre les différents cultes, préjugent du caractère négatif de l'appartenance à la secte. Fort heureusement, ces sentences sont restées marginales et les juges vont majoritairement se concentrer sur l'examen des seules pratiques.
Ainsi, le Tribunal de grande instance de Pontoise[123] affirme "*qu'il est de principe qu'au cours du mariage, l'époux peut changer de religion sans que ce seul changement puisse être valablement considéré pour l'autre conjoint comme une cause de divorce : en décider autrement serait porter atteinte à la liberté de conscience du nouvel adepte, mais cette liberté de conscience ne saurait pour autant autoriser l'autre conjoint à faire abstraction de son état et à se désintéresser des incidences que les pratiques suivies de cette religion peuvent avoir sur la vie conjugale*". De même, la Cour de cassation[124] va se prononcer pour interdire que l'on se fixe sur la seule appartenance pour déterminer l'existence d'une faute.
Désormais la situation est claire : seule l'application de la religion, si elle constitue une violation des obligations du mariage, permettra de prononcer le divorce pour faute. Parfois, cette violation ne fait aucun doute. C'est le cas lorsqu'il résulte de la mise en œuvre de la doctrine sectaire une atteinte à l'obligation de fidélité, d'assistance[125] ou de cohabitation[126]. Dans d'autres circonstances, les devoirs du mariage sont moins clairement affectés, il faudra donc prouver la gravité des agissements ou leur caractère répétitif rendant insupportable la vie conjugale. Furent ainsi considérés comme des fautes "le fait d'imposer à sa famille

[123] Cf. TGI PONTOISE , 17/02/1972, Gazette du Palais 1972, p. 345.
[124] Cf. CASS 1°Civ, 08/11/1995, Bull 1996 II n° 271.
[125] Cf. TGI PARIS, 05/01/1973, GP 1973, p 465.
[126] Cf. TGI PARIS, 19/12/1975, GP 1978, p 505 : pour une entrée dans la secte Moon.

une nourriture étrange"[127], "l'exaltation religieuse conduisant la femme à imposer au mari de faire chambre à part, à lui refuser toute marque d'affection et à dénigrer systématiquement son beau-père auprès de son enfant"[128]ou encore "le fait de refuser systématiquement de participer aux fêtes de famille"[129].

Les comportements religieux, même fautifs, ne pourront pas servir d'excuse au conjoint s'il a lui-même commis une faute plus grave[130]. Surtout, les pratiques fautives doivent être prouvées et ne peuvent se déduire de la simple étude des comportements imposés par la secte. Ainsi, comme l'écrit M. Florand[131], on ne peut considérer comme fautif le fait d'accepter une doctrine interdisant les transfusions sanguines pour les enfants ; la véritable faute serait celle de refuser effectivement la transfusion lorsque la situation se présente. Cette position est logique puisque si l'on prend en compte la "faute éventuelle" pour prononcer le divorce, cela revient, de façon détournée, à condamner l'appartenance au mouvement sectaire. La Cour d'appel de Grenoble[132] se place d'ailleurs dans cette ligne lorsqu'elle indique la nécessité d'apprécier la faute "in concreto".

Une dernière difficulté est soulevée par M. Hauser et tient aux cas où il n'existe pas réellement de faute mais seulement une divergence spirituelle entre les époux qui les amène à divorcer. Dans cette situation, et vu que la seule conviction religieuse ne peut être invoquée à l'appui d'un divorce pour faute, les juges risquent, pour éviter l'impasse, de trouver fictivement un caractère fautif aux pratiques. Cette situation impliquerait alors qu'il faille choisir entre un jugement de l'appartenance religieuse ou une déformation de la réalité. Ces solutions apparaissent toutes deux

---

[127] Cf. CASS 1°Civ, 11/03/1991, Léxilaser, n°960.

[128] Cf. TGI PARIS, 10/05/1977, Léxilaser n°178.

[129] Cf. CA MONTPELLIER, 07/11/1994, Juris data n°034245.

[130] Cf. CASS, 2° Civ, 24/01/1996, Lexilaser, pourvoi n° 93-17 135 où le mari invoquait le désintérêt total de sa femme pour le ménage depuis qu'elle avait adhéré aux Témoins de Jéhovah. La Cour retient la faute mais prononce le divorce aux torts du mari du fait des violences dont il s'était rendu coupable .

[131] Cf. Jean-Marc FLORAND, "Le divorce et l'autorité parentale" (chronique précitée).

[132] Cf. CA GRENOBLE, 04/06/1991, JCP II 1991, p 360, note Jean HAUSER.

insatisfaisantes et nous conduisent à penser que dans ce domaine comme dans d'autres, un divorce objectif serait plus adapté[133].

Conclusion : En matière de divorce, le conflit de libertés religieuses est donc réglé par l'examen des conséquences pratiques découlant des croyances. Cette position nous semble la plus respectueuse des principes de liberté de penser et de non-discrimination, même si elle comporte l'importante limite que nous venons d'aborder. Il reste que le conflit peut également se produire d'une manière différente entre les époux, lorsque ceux-ci s'opposent sur l'éducation à donner aux enfants.

CONFLIT DE LIBERTES RELIGIEUSES ET EDUCATION DES ENFANTS

Données du problème : Nous sommes ici en présence d'un conflit opposant les époux quant à l'éducation religieuse de l'enfant. Il ne s'agit pas encore de savoir si le mineur peut lui-même invoquer une liberté cultuelle[134] mais simplement de régler un litige entre deux droits de même force. En effet, aux termes de l'article 372 du Code civil, les parents exercent en commun l'autorité parentale. De plus, l'article 371-2 dispose que l'éducation, et donc l'éducation religieuse, est un élément de cette autorité.
Le problème pourra se poser de deux manières différentes. Il est possible qu'un seul des parents détienne l'autorité parentale. Dans ce cas, s'il décide de se convertir à la doctrine d'une secte et de faire partager sa nouvelle croyance à l'enfant, que peut faire l'autre parent ? Le conflit le plus intéressant est celui où les deux époux restent titulaires de l'autorité parentale, soit que le juge du divorce en ait décidé ainsi, soit que, malgré leurs divergences , ils n'aient pas divorcé.

L'autorité parentale exercée par un seul parent : Le conflit

[133] Voir à ce sujet l'excellent travail d'Olivier Laouenan "Faut-il supprimer le divorce pour faute" Mémoire DEA 1998, Bordeaux.
[134] Sur ce point voir infra "Les conflits de libertés religieuses entre parents et enfants".

d'intérêts est ici quelque peu faussé puisque les deux parents ne disposent pas de droits équivalents sur l'enfant. Après un divorce, le juge peut, si l'intérêt de l'enfant l'exige, confier l'autorité parentale à un seul parent[135]. Dans ce cas, l'autre ne dispose plus que du droit de *"surveiller l'entretien et l'éducation des enfants et d'être informé des choix importants relatifs à la vie de ces derniers"*[136]. De la sorte, il ne sera pas permis au "non-détenteur" de s'opposer à ce que son ex-conjoint transmette sa nouvelle religion[137] à sa progéniture. Néanmoins, ceci ne vaut que si l'enfant ne court aucun danger. Dans l'hypothèse contraire, il pourra utiliser tous les moyens que nous avons précédemment étudiés, et notamment les mesures d'assistance éducative, afin que l'exercice de l'autorité parentale du conjoint soit contrôlé ou retiré.

L'autorité parentale exercée par les deux parents : Dans cette hypothèse la situation est plus complexe car les parents peuvent tous deux prétendre à l'éducation de l'enfant. Ici, c'est l'article 372-1-1 du code civil qui résout le conflit : *"Si les père et mère ne parvenaient pas à s'accorder sur ce qu'exige l'intérêt de l'enfant, la pratique qu'ils avaient précédemment pu suivre dans des occasions semblables leur tiendrait lieu de règle. A défaut d'une telle pratique ou en cas de contestation sur son existence ou son bien-fondé, le parent le plus diligent saisira le juge aux affaires familiales qui statuera après avoir tenté de concilier les partis".*
Appliqué au problème religieux, ce texte implique que si les époux sont en désaccord sur la religion à donner à l'enfant, c'est la pratique antérieure commune qui s'appliquera. A défaut d'une telle pratique le juge déterminera la religion de l'enfant en fonction de son intérêt. Celui-ci sera souvent le "statu quo" c'est-à-dire que le mineur conservera la croyance qui était jusque-là la sienne. Cette solution a été appliquée par la Cour de cassation dans un arrêt du

---

[135] Cf. Article 287 du Code civil.

[136] Cf. Article 288 du Code civil.

[137] Cf. Par exemple TGI PARIS 14/08/1986 GP 1986 II p 653: " Il n'appartient pas à X (le mari, non gardien c.à.d aujourd'hui non titulaire de l'autorité parentale) de s'opposer au projet nourri par son épouse, ou de faire imposer à celle-ci par l'intermédiaire du juge, une conception tenue par lui pour plus ouverte sur le monde et plus tolérante".

11 juin 1991[138] : en l'espèce, le mari, depuis peu adepte des Témoins de Jéhovah, souhaitait que sa fille suive son exemple et se convertisse. La mineure était en accord avec cette perspective mais la mère s'y opposait.
La Cour indiqua que les juges du fond avaient souverainement apprécié l'inopportunité d'une telle conversion et la nécessité d'attendre la majorité de l'intéressée.
Cette décision est enrichissante car elle traite non seulement d'un conflit entre époux sur la religion de l'enfant, mais pose aussi le problème de l'opposition parent/enfant sur le choix de la conviction religieuse de ce dernier[139].
Si l'on s'en tient au seul conflit entre les conjoints, il faut apporter quelques critiques à cette idée de "statu quo", même si, comme M. Mallaurie, on peut estimer que c'est la solution la "moins mauvaise".
On pouvait craindre, que le fait pour un juge de déterminer l'intérêt de l'enfant en matière religieuse revienne à comparer les mérites respectifs de chaque religion. Or, étant donnée l'assise dont bénéficient les croyances "traditionnelles" et l'image très négative attachée aux sectes, il semble évident que les adeptes de celles-ci n'auraient pas souvent eu gain de cause. En utilisant le concept de "statu quo", la Cour évite ce problème qui peut être source de discrimination, mais, ce faisant, elle crée tout de même une inégalité et une incohérence.
Une inégalité tout d'abord, car l'immobilisme profite aux religions les plus ancrées et non aux cultes nouveaux qui procèdent surtout par conversion et n'ont pas d'enracinement profond dans les familles françaises.
Une incohérence ensuite, car le conflit de libertés religieuses peut se poser dans un couple uni mais aussi après un divorce dans lequel le juge aura accordé l'autorité parentale conjointe. Dans ce dernier cas, on risque de se retrouver avec un parent vivant avec l'enfant (parce que la résidence habituelle du mineur a été fixée

---

[138] Cf. CASS, 1° Civ 11/06/1991, D. 1991, p 521, note Philippe MALLAURIE, RTD Civ 1991, p 75, note Jean HAUSER, D. 1992, sommaires commentés, p.65, note Nathalie DESCAMPS.
[139] Cf. infra "Les conflits de libertés religieuses entre parents et enfants".

chez lui) mais ne pouvant lui transmettre sa religion parce que le juge l'a trouvée inopportune. De la sorte, le parent va se trouver privé de la possibilité de faire partager ses convictions à l'enfant qui risque de se sentir exclu et désorienté. Il semble plus souhaitable, dans cette situation, de laisser libre cours à l'éducation religieuse telle que voulue par celui qui partage la vie du mineur, le juge devant limiter ses interventions aux hypothèses dans lesquelles l'enfant se trouverait en danger.

Conclusion : Les conflits de libertés religieuses entre époux se résolvent, sinon de façon parfaite, au moins en respectant une certaine égalité et en évitant d'établir a priori des discriminations. En ce qui concerne le divorce, l'appartenance à une secte n'est plus considérée comme une faute, ce qui cadre bien avec la Convention Européenne des Droits de l'Homme. Pour ce qui est de l'éducation des mineurs, la solution est plus délicate car, qu'elle que soit l'option choisie par la justice, l'un des parents se sentira privé de son droit d'élever ses enfants selon ses convictions. Le recours au juge dans un domaine aussi intime peut d'ailleurs paraître déplacé mais il faut bien voir que cette possibilité permettra dans certains cas d'éviter l'éclatement de la famille. Quant au critère du "statu quo", il reste selon nous et malgré ses défauts le mieux adapté car il supprime une comparaison forcément subjective entre les religions. Dès lors, on peut concevoir son application à défaut de mieux, sauf à admettre que l'enfant puisse lui-même exprimer ce qu'est son intérêt et choisir sa religion avec ou sans l'agrément de ses parents. La législation française n'en prend pas le chemin mais elle subit des pressions en ce sens de la part de la doctrine et des textes internationaux, ce qui donne alors tout son intérêt au dernier conflit qu'il nous faut maintenant envisager.

SECTION 2 :

LES CONFLITS DE LIBERTES RELIGIEUSES ENTRE PARENTS ET ENFANTS

Plan : Lorsqu'il est en danger, nous le savons, l'enfant ne peut pas invoquer le principe de liberté religieuse pour s'opposer aux mesures de protection dont il ferait l'objet. La question se pose alors de savoir si la situation est différente en l'absence de péril. Autrement dit, le mineur peut-il s'opposer à la volonté de ses parents dans le choix de sa religion alors que ni sa santé ni sa moralité ne sont mises en cause ? A cela, la Cour de cassation a répondu par la négative, faisant de l'autorité parentale une valeur supérieure à celle de la liberté religieuse. Pour autant, la situation est susceptible d'évoluer sous l'impact des propositions inspirées des législations étrangères et des principes fixés par la Convention Internationale sur les Droits de l'Enfant. Aussi nous faut-il aborder la prédominance de l'autorité parentale sur la liberté religieuse de l'enfant avant d'étudier les perspectives d'évolution.

LA PREDOMINANCE DE L'AUTORITE PARENTALE SUR LA LIBERTE RELIGIEUSE DU MINEUR

La décision de la Cour de cassation établissant le rapport de force entre ces deux principes fut l'objet de réactions passionnées à la fois sur le sujet lui-même mais aussi sur la question plus générale des droits de l'enfant.

La solution critiquée de la Cour de cassation : L'arrêt du 11 juin 1991[140] pose le principe selon lequel un mineur doit attendre sa majorité pour exercer son choix en matière religieuse. Il sera donc soumis à la religion de ses parents lorsque ceux-ci sont en accord, à celle de l'un d'eux, par décision judiciaire, s'ils

[140] Cf. CASS, 1°Civ, 11/06/1996 (précité) et les notes d'Isabelle ROUVIERE-PERRIER, Jean HAUSER et Philippe MALLAURIE .

s'opposent[141]. Cette solution, jamais démentie depuis, a reçu l'appui de M. Mallaurie qui explique la difficulté de distinguer une véritable conversion d'un simple caprice. Il indique en outre que l'enfant n'exprime pas toujours ses propres choix et se trouve parfois inconsciemment contraint de répéter les affirmations et de reproduire les comportements d'autrui.

A l'opposé, M. Hauser remarque qu'un mineur a la possibilité d'ouvrir un compte bancaire ou d'établir pour partie son testament et ne voit dès lors pas pourquoi il ne pourrait choisir sa propre voie spirituelle.

On peut ajouter qu'il est simpliste de traiter également tous les mineurs, quel que soit leur âge, alors que la notion de discernement existe dans notre droit et qu'elle est couramment utilisée.

Enfin, l'argument essentiel est sans doute l'opposition entre cette jurisprudence et l'article 14 de la Convention Internationale des Droits de l'Enfant[142] qui reconnaît à ce dernier les libertés de pensée, de conscience et de religion, dans le respect des dispositions protectrices de sa santé ou de l'ordre public et sous réserve de l'alinéa 2 du même article qui accorde aux parents le droit de guider l'enfant dans l'exercice de ces libertés *"d'une manière qui corresponde au développement de ces capacités"*.

Il résulte de ce texte que les père et mère peuvent, dans la première enfance du mineur, partager avec lui leurs convictions. Mais, par la suite, ils ne pourront s'opposer à une éventuelle conversion ni aux pratiques qui en découlent, dès lors qu'elles ne portent préjudice ni à l'enfant ni à autrui.

La jurisprudence française n'a pas suivi cette voie et continue de laisser dominer l'autorité parentale. Pour justifier cette position, il est possible de se retrancher derrière le fait que la C.I.D.E n'est pas applicable directement[143]. On peut aussi faire valoir qu'elle

---

[141] Cf. supra "Le conflit de libertés religieuses entre époux".

[142] Article cité en totalité, cf. supra "Le droit familial et le mineur, la priorité donnée à la protection".

[143] Cf. CASS 1° Civ, 10/03/1993, "Le Jeune", D. 1993, p361; voir aussi Jean-François FLAUSS, "Les sources internationales du droit français des religions" PA 07/08/1992.

s'oppose aux dispositions de la C.E.D.H qui renvoie, sur le problème religieux, aux législations nationales. Néanmoins, il semble que ces arguments ne fasse que dissimuler un débat beaucoup plus vaste ayant trait à l'opportunité d'admettre, au profit de l'enfant et alors même qu'il ne court aucun danger, des droits opposables à ceux de ses parents.

La réticence à l'égard des droits de l'enfant : Le Code civil a toujours marqué une profonde considération pour les parents, indiquant même expressément que les enfants doivent, à tout âge, *honneur* et *respect* à leur père et mère et qu'ils sont soumis, jusqu'à leurs dix-huit ans et sauf émancipation, à leur *autorité*[144]. Dès lors, les nouveaux droits accordés au mineur peuvent s'analyser en une perte de confiance à l'égard des parents et en une mise en cause de ces valeurs ancestrales. De plus, il est difficile, pour certains, d'admettre que le droit s'immisce de la sorte dans la famille et modifie les sempiternelles méthodes d'éducation *"sévères mais justes et qui ont fait leurs preuves depuis des générations et des générations"*. Non que les critiques des droits de l'enfant ne comportent une part de vérité. Il est logique d'éviter que le mineur ne traîne ses parents au tribunal chaque fois qu'il est fessé ou privé de dessert. Il ne semble pas non plus anormal de conférer à la notion de respect une importance déterminante car elle constitue l'une des bases des rapports humains, et ce, bien au-delà du cercle familial. Néanmoins, le concept prend un sens différent selon qu'il est envisagé de façon réciproque ou unilatérale : dans un cas, il s'agira de comprendre et de tolérer, dans l'autre il sera simplement question d'obéissance. Or, si la première conception doit être limitée par la seconde pour les besoins pratiques liés à la "gestion de la famille", l'inverse doit également se produire lorsqu'il est question de l'intégrité ou de l'intimité, y compris spirituelle, de l'enfant.
Ainsi, selon nous, les droits de l'enfant en général et le droit à la liberté religieuse en particulier méritent d'exister et d'être appliqués. Le législateur devrait peut-être y réfléchir, d'autant que

[144] Cf. Article 371 et 371-1 du Code civil.

diverses solutions lui ont été proposées pour faire évoluer les choses en ce sens.

LES PERSPECTIVES D'EVOLUTION

Il existe différents moyens de séparer l'autorité parentale du choix des convictions religieuses. Outre l'émancipation qui comporte un aspect très général, la doctrine a proposé de rattacher la religion à l'état des personnes ou de recourir à la prémajorité.

Le rattachement de la religion à l'état des personnes : Cette proposition est l'œuvre du doyen Carbonnier et date de l'après guerre, époque où les sectes n'étaient pas encore d'actualité. L'auteur justifie la nécessité de détacher religion et autorité parentale par le fait que celle-ci peut être confiée à d'autres personnes que les parents à l'occasion d'un placement ou d'une adoption, personnes qui ne devraient pas avoir le pouvoir de décider de la croyance du mineur. L'idée du rattachement à l'état permet alors d'assurer une certaine immutabilité propre à contrer les conversions hâtives. M. Carbonnier[145] prévoyait néanmoins une certaine souplesse du mécanisme en indiquant que les parents pourraient donner à l'enfant une autre religion à condition qu'ils soient en accord. A défaut, la religion d'origine serait maintenue.
Cette théorie n'a pas été retenue par le législateur et on peut lui trouver certains inconvénients. Tout d'abord, la religion n'a été rattachée qu'une seule fois à l'état des personnes et ce fut sous le régime de Vichy avec le statut des juifs, ce qui constitue un précédent peu encourageant. De plus, l'état a pour fonction d'identifier les personnes et on voit mal la religion être utilisée à cette fin. Il y a là, en effet, outre un risque de discrimination, l'idée qu'un individu pourrait très bien avoir, en pratique, une religion différente de celle à laquelle il est rattaché, ou pas de religion du tout. Surtout, cette hypothèse ne résout que les conflits entre parents, lorsque l'un d'eux voudrait entraîner l'enfant dans la nouvelle voie spirituelle qu'il a choisi. Elle ne tient pas compte (ce n'était d'ailleurs pas le but recherché à l'époque) des litiges

[145] Cf. Jean CARBONNIER D. 1948, p 550.

opposant parents et enfants. Dès lors, bien qu'elle sépare le culte et l'autorité parentale, cette théorie ne peut pas faciliter la mise en place de la liberté religieuse du mineur.

La prémajorité religieuse : L'idée de donner des droits au mineur, pourtant incapable, n'est pas nouvelle puisqu'il peut depuis longtemps se marier à condition d'obtenir le consentement d'au moins un de ses parents[146]. Plus récent est le courant législatif qui accorde à l'enfant des prérogatives contre ses parents : ainsi, peut-il se faire représenter par un administrateur ad hoc pour défendre ses intérêts[147]. Dans le même ordre d'idée, les jeunes femmes ont la possibilité de consulter un centre de planning familial sans que cela nécessite l'accord des père et mère. En outre, la C.I.D.E a inspiré beaucoup d'auteurs et de praticiens qui ont cherché les moyens de mettre en œuvre les principes exprimés. C'est ainsi qu'en matière de religion, une large partie de la doctrine s'est prononcée pour accorder une prémajorité à l'enfant. La question est déjà réglée dans d'autres pays européens puisque le Code civil suisse dispose que *"l'enfant âgé de seize ans révolus peut lui-même choisir sa confession"*. Par ailleurs, une loi allemande du 15 juillet 1921 donne des droits identiques au mineur de quatorze ans et ajoute qu'aucune conversion ne peut lui être imposée quand il a atteint l'âge de douze ans. En France, M. Cornu, M. Hauser ou Mlle Nathalie Descamps[148] ont indiqué l'opportunité d'une telle solution. Mlle Descamps propose de reconnaître une prémajorité religieuse à quinze ans accompagnée d'un système de protection judiciaire permettant de s'assurer, en cas de conflit, du libre choix du mineur. De façon plus restrictive, Mme Cacheux, au moment de la ratification de la C.I.D.E, avait présenté l'idée qu'à partir d'un certain âge, l'enfant en désaccord avec ses parents puisse saisir le juge.
Aucune de ces initiatives n'a pour l'instant été retenue, ce qui marque la difficulté de la loi de se défaire du concept, devenu

---

146 Cf. Articles 144 et suivants du Code civil : la femme âgée de quinze ans peut contracter mariage avec l'accord de l'un de ses parents.
147 Cf. Article 388-2 du Code civil.
148 Cf. Nathalie DESCAMPS D. 1992 p 65, note sous CASS, 1° CIV, 11/06/1991.

mythe, de l'autorité parentale. Cette position devra pourtant évoluer car elle se trouvera un jour ou l'autre en contradiction flagrante avec les normes européennes.

Conclusion : Notre dernier conflit d'intérêts se trouve donc résolu de façon très claire puisque l'enfant ne peut s'opposer à ses parents dans le choix de sa religion. Dès lors, son incapacité en ce domaine existe qu'il soit ou non en danger et sa volonté passe derrière son intérêt paradoxalement défini par d'autres que lui.

Conclusion de la deuxième partie : Au terme de nos développements, il apparaît que ce qui résume le mieux l'attitude du droit à l'égard des sectes est la notion de prudence. C'est la prudence qui pousse les juges à faire prévaloir la protection de l'enfant sur la liberté de culte de ses parents, lorsque celle-ci comporte un risque pour le premier. C'est elle qui motive les entraves posées aux demandes d'adoption et l'interprétation parfois abusive de la notion de danger. C'est elle encore qui a pu un temps faire penser qu'éducation et appartenance à un nouveau mouvement religieux étaient incompatibles. C'est elle, enfin, qui fait refuser au mineur le bénéfice d'une majorité religieuse.
Ce sentiment de prudence est respectable, il est même souvent décrit comme une qualité. Gageons qu'il le reste et que ne lui soient pas substituées des idées moins recommandables dont il a, par le passé, été à l'origine.

CONCLUSION GENERALE

Pour en terminer avec les rapports entre les sectes et le droit familial, il nous faut insister sur deux points qui nous paraissent essentiels.

Nous avons vu quelles étaient les priorités du droit lorsqu'il avait à trancher entre des prérogatives qu'une même personne peut revendiquer.

Nous avons également étudié comment étaient résolus les conflits opposant les intérêts antagonistes de plusieurs individus au sein de la famille.

Il reste à se demander non plus si cette gestion est bonne ou mauvaise, mais si son existence est légitime. En effet, le principe de laïcité pris dans un sens exclusif devrait interdire que le droit s'immisce à ce point dans les convictions spirituelles. Cependant la légitimité se retrouve si l'on considère comme Raymond Lindon que *"la laïcité c'est la liberté de conscience, c'est-à-dire la liberté de croyance ou de non-croyance, accompagnée, non pas du laisser faire ou du laisser aller, mais, bien au contraire, de l'exigence du respect, par ceux qui ne les partagent pas, de ces croyances ou de ces non-croyances "*. En ce sens, le juge se doit d'intervenir pour assurer le maintien d'un équilibre entre les différentes expressions de ces convictions. C'est en cela que la laïcité trouve aujourd'hui toute sa force, si bien qu'il nous semble difficile de considérer qu'elle est mise à mal par le principe même d'une intervention judiciaire.

Cependant, cette laïcité "ouverte" et "tolérante" semble menacée par d'autres facteurs. On peut critiquer, par exemple, les aides de l'Etat apportées aux entités spirituelles, le financement public des lieux de prières, les statuts spéciaux accordés aux ministres du culte ou encore les aides octroyées aux établissements d'éducation privée. Néanmoins, ces éléments ne portent pas atteinte, à eux seuls, au principe car ils répondent à d'autres nécessités comme le maintien du patrimoine français ou le devoir de scolariser tous les élèves. Ce qui véritablement met en péril la laïcité, c'est la partialité avec laquelle ces aides sont mises en œuvre qui rejoint

parfois le comportement des juges à l'égard des nouveaux mouvements religieux. C'est ici l'occasion pour nous de réaffirmer l'impossible distinction entre sectes et religions, ceci non par volonté de provocation teintée d'athéisme, mais simplement par respect pour le principe tel que nous l'avons évoqué.
La laïcité constitue une des données majeures de notre société moderne et a permis un certain apaisement entre les individus, après des siècles de déchirement. Victor Hugo disait à ce sujet que *"la religion n'est autre chose que l'ombre portée de l'univers sur l'intelligence humaine".* Faisons au moins en sorte que le droit ne distingue plus entre les croyances et qu'il s'attaque, puisque tel est son but, à tous les excès commis au nom de Dieu.

****

BIBLIOGRAPHIE

I OUVRAGES GENERAUX.

- Le CODE CIVIL.
- J. HAUSER et D. HUET-WEILER, *"Traité de droit de la famille"*, L.G.D.J 1989.
- J. HAUSER, *"La filiation"*, DALLOZ connaissance du droit 1996.
- P. MALLAURIE et L. AYNES, *"Les régimes matrimoniaux"*, CUJAS 1994.
- P. MALLAURIE et L. AYNES, *"Les personnes, les incapacités"*, CUJAS 1994.

II OUVRAGES SPECIALISES.

- A. GUYARD, "les sectes en France", rapport parlementaire, Ed. Patrick Banon.
- J. VERNETTE ET Y. De GIBON ,"Des sectes à notre porte", Ed. Chalet.
- J. VERNETTE ,"Les sectes" ,P.U.F, coll. Que sais-je ?
- A. VIVIEN, "Les sectes en France expression de la liberté morale ou facteur de manipulation" ,rapport parlementaire.
- C. VIDAL-ENGAURRAN, "Le droit face aux adeptes des sectes", Thèse Paris X 1996.
- M. GODDIER, "Les sectes et l'enfant", Mémoire de DEA, Université LYON III, 1992/1993.

III ARTICLES ET NOTES DE JURISPRUDENCE.

- C. ATIAS, "Les convictions religieuses dans la jurisprudence française en matière de divorce", JCP 1984, p3151.
- J. CARBONNIER, note dans Dalloz 1948 p550.
- J. CARBONNIER, note sous CA PARIS, 31/01/1963, JCP 1963 p.13235.
- J. CARBONNIER, note sous TGI AVIGNON, 20/12/1966 et sous CA NIMES, 10/06/1967, D. 1969, p. 368.
- N. DESCAMPS, note sous CASS, 1°Civ, 11/06/1991, D.1992 sommaires commentés, p.65.
- J.F FLAUSS "Les sources internationales du droit français des religions", PA 07/08/1992, p.19.

- J.M FLORAND, "La protection des intérêts civils de l'adepte d'une secte et de sa famille", JCP 1986, p.3240.
- J. M FLORAND, "Le divorce et l'autorité parentale", PA 10/08/1994 p.49.
- P. GAST, "Les sectes et la démocratie", PA 19/10/1994 p.14.
- P. GAST, "Les principes d'égalité et de légalité en matière de secte", PA 7/02/1996, p.13.
- GOYARD, "L'administration face aux sectes" Revue Administrative n°239, p.539.
- J. HAUSER, note sous CASS 1°CIV, 11/06/1991, RTDC 1991, p.75.
- J. HAUSER, note sous CA GRENOBLE, 04/06/1991, JCP II 1991,p360.
- J. HAUSER, note sous CA DIJON, 04/06/1991, RTDC 1992, p.75.
- J. HAUSER, note dans RTDC 1992, p.550.
- J. HAUSER, note sous Cour EDH 23/06/1993, D.1994, p.327.
- J. HAUSER, note dans RTDC 1996, p.367.
- B. JORION, note sous Cour EDH 23/06/1993, PA 10/08/1994, p.53.
- P. MALLAURIE, note sous CASS 1° Civ, 11/06/1991, D.1991, p.521.
- E. MICHELET, "L'intervention du juge dans les conflits familiaux en matière de vocation religieuse" , D. 1971, p48.
- I. ROUVIERE-PERRIER, note sous CE 24/04/1992, D.1993, p.234.
- I. ROUVIERE-PERRIER, "Les Témoins de Jéhovah face à la Cour européenne des droits de l'homme", note sous Cour EDH 23/06/1993 PA 17/11/1993, p.20.
- I. ROUVIERE-PERRIER, "L'adoption et le changement de religion d'un enfant mineur" , PA 10/08/1994, p.44.
- I. ROUVIERE-PERRIER : "Vers un nouveau concordat: réflexions sur le problème des sectes" , PA 4/10/1995, p.25.
- J. RUBELLIN-DEVICHI "Présentation de la loi n°96604 du 05/07/1986 relative à l'adoption" , JCP 1996 n°3798.
- O.L SEGUY et J.M FLORAND "La protection judiciaire de l'adepte et de ses enfants mineurs face aux sectes", PA 27/05/1988 p.20.
- O.L SEGUY "Les obstacles juridiques à une loi générale sur les sectes", PA 05/02/1996, p.15.

ANNEXES

- Cour européenne des droits de l'homme, arrêt "Hoffmann" du 23/06/1993.
- Conseil d'Etat 24/04/1992 Département du Doubs.
- Cour de Cassation 1° Civ. 11/06/1991.
- Cour d'appel de Lyon 28/03/1997.
- Les adeptes des sectes : estimation en 1995.
- Les principaux mouvements sectaires.

COUR EUROPEENNE DES DROITS DE L'HOMME
23 JUIN 1993
La cour (extraits)
En droit :

I- Sur la violation alléguée de l'article 8 pris isolément et combiné avec l'article 14 :
La requérante reproche à la Cour suprême d'Autriche d'avoir attribué à son ex-époux plutôt qu'à elle-même, l'autorité parentale sur leurs enfants Martin et Sandra, en raison de son appartenance à la communauté religieuse des Témoins de Jéhovah ; elle s'appuie sur l'article 8 de la Convention pris isolément et combiné avec l'article 14.
Le gouvernement se défend de toute violation tandis que d'après la Commission, il y a bien eu méconnaissance de l'article 8 combiné avec l'article 14.
Aux termes de l'article 8 paragraphe 1 de la Convention, *"toute personne a droit au respect de sa vie privée et familiale, de son domicile et de sa correspondance"*.
Il échet de noter d'emblée que les enfants vivaient auprès de leur mère depuis deux ans - depuis qu'elle avait quitté avec eux le domicile conjugal - au moment où la Cour suprême l'obligea, le 3 septembre 1986, à les restituer à leur père. Dès lors, l'arrêt ainsi rendu s'analyse en une atteinte au droit de l'intéressée au respect de sa vie familiale ; la cause relève donc de l'article 8.
Le fait, invoqué par le gouvernement, qu'il s'agit d'une décision tranchant un litige entre particuliers, n'y change rien.

A- sur la violation alléguée de l'article 8 combiné avec l'article 14.

Vu la nature des allégations formulées, la cour, à l'instar de la Commission, juge approprié de se placer sur le terrain de l'article 8 combiné avec l'article 14, aux termes duquel *"la jouissance des droits et libertés reconnus dans la convention doit être assurée, sans distinction aucune, fondée notamment sur le sexe, la race, la couleur, la langue, la religion, les opinions politiques ou toutes autres opinions, l'origine nationale ou sociale, l'appartenance à une minorité nationale, la fortune, la naissance ou toute autre situation."*
Dans la jouissance des libertés reconnus par la Convention, l'article 14 interdit de traiter de manière différente, sauf justification objective et raisonnable, des situations comparables (voir, entre autre l'arrêt Sunday Times du 26/11/1991).
Il y a lieu de déterminer d'abord si la requérante peut se plaindre d'une telle différence de traitement.
Pour conférer l'autorité parentale - revendiquée par les deux parents - à la mère plutôt qu'au père, le tribunal de district et le Tribunal régional d'Innsbruck eurent à se prononcer sur le point de savoir si la première était capable de se charger de la garde et de l'éducation des enfants. A cet effet, ils tinrent compte des conséquences pratiques des convictions religieuses des Témoins de Jéhovah : rejet des jours de fête tels que Noël et Pâques, traditionnellement célébrés par la majorité de la population autrichienne, opposition aux transfusions sanguines et, plus largement, situation de minorité sociale vivant selon ses propres règles

distinctives. Ils soulignèrent que Mme Hoffmann s'était déclarée prête à laisser les enfants passer les jours de fête avec leur père, demeuré catholique, et à autoriser l'administration de transfusions sanguines à leur profit, dans la mesure exigée par la loi : ils se fondèrent en outre sur la relation psychologique existant entre les enfants, très jeunes à l'époque, et leur mère, ainsi que sur l'aptitude générale de celle-ci à s'occuper d'eux.

Pour apprécier l'intérêt des enfants, la Cour suprême prit en considération les incidences que pouvait avoir sur leur vie sociale le fait de se trouver associés à une minorité religieuse particulière et les dangers que la requérante, par son refus de toute transfusion sanguine, créait non seulement pour elle mais aussi - sauf ordonnance judiciaire - pour Martin et Sandra ; en somme, les répercussions négatives éventuelles de l'appartenance d'Ingrid S à la communauté religieuse des Témoins de Jéhovah. En regard, elle pesa aussi le risque de voir un transfert de la garde au bénéfice du père constituer pour les enfants une cause de tension psychologique ; elle jugea qu'il fallait l'accepter dans leur propre intérêt.

La cour ne nie pas que dans certaines circonstances, les données invoquées par la Cour suprême d'Autriche à l'appui de sa décision puisse faire pencher la balance en faveur d'un parent plutôt que de l'autre. Toutefois, la Cour suprême introduisit un élément nouveau, la loi fédérale sur l'éducation religieuse des enfants et y attacha manifestement une importance déterminante.

Dès lors, il y a eu différence de traitement et elle reposait sur la religion ; conclusion renforcée par la tonalité et le libellé des considérants de la Cour suprême relatifs aux conséquences pratiques de la religion de la requérante.

Pareille différence de traitement est discriminatoire en l'absence de "justification objective et raisonnable", c'est-à-dire si elle ne repose pas sur un "but légitime" et s'il n'y a pas de "rapport raisonnable de proportionnalité entre les moyens employés et le but visé".

La Cour suprême poursuivait un but légitime : protéger la santé et les droits des enfants ; il reste à rechercher si la deuxième condition se trouve elle aussi remplie.

On peut ici se référer à l'article 5 du protocole n°7 entré en vigueur pour 1988. Non invoqué en l'espèce, il prévoit pourtant l'égalité fondamentale des époux, notamment quant aux droits parentaux, et précise que l'intérêt des enfants doit prévaloir dans de telles affaires.

Si la Cour suprême d'Autriche ne se fonda pas uniquement sur la loi fédérale précitée, elle apprécia les faits autrement que les juridictions inférieures, qui dans leurs motifs s'appuyaient en outre sur des expertises psychologiques. Nonobstant tout argument contraire possible, on ne saurait tolérer une distinction dictée pour l'essentiel par des considérations de religion.

Dès lors, la cour ne peut conclure à l'existence d'un rapport raisonnable de proportionnalité entre les moyens employés et le but visé ; partant, il y a eu violation de l'article 8 combiné avec l'article 14.

B- Sur la violation alléguée de l'article 8 considéré isolément.

Eu égard à la conclusion figurant au paragraphe précédent, il n'est pas nécessaire de statuer sur la violation alléguée de l'article 8 pris isolément.

Cour de cassation, première chambre civile 11 juin 1991 (extraits)

PREMIER MOYEN DE CASSATION

" Il est reproché au jugement attaqué d'avoir décidé que c'était à juste titre que la mère d'une mineure de seize ans s'opposait à son baptême dans le cadre de la religion des Témoins de Jéhovah :

Aux motifs propres que les Témoins de Jéhovah, d'après la définition la plus neutre des dictionnaires, constituent une secte religieuse, fondée aux Etats-Unis en 1874 par C.H. Taze Russel, et dont les membres se disent les derniers représentants d'une série de témoins de Dieu ; que ce mot "secte" n'implique pas forcément des pratiques exécrables, et la présente secte, qui a plus de cent ans, a évidemment acquis une solide réputation, la mettant à l'abri de toute confusion avec certaines sectes qui asservissent l'individu pour le seul profit de quelques grands prêtres ; que néanmoins il s'agit d'une secte qui exige énormément de ses membres, ce qui implique un endoctrinement considérable, totalement incompatible avec le désir de notre société de ne pas imposer à des adolescents un quelconque carcan ; que l'audition de Catherine T. par le juge des tutelles a été éloquente à ce sujet ; qu'interrogée cependant qu'elle n'avait pas encore seize ans, elle a reconnu que cette secte lui prenait déjà plus de neuf heures de son temps chaque semaine, en réunion, offices et prédications du samedi matin par le biais du porte à porte ; qu'il appartiendra à cette enfant de faire choix de cette religion lorsqu'elle sera majeure et tant qu'elle n'aura pas acquis la majorité, il est tout à fait recommandé de lui refuser le baptême selon le rite de cette secte, sacrement qui ne ferait que l'ancrer davantage dans une religion qui, par ses exigences énormes, ne doit s'adresser qu'aux adultes, du moins lorsqu'il s'agit d'une conversion ;

Et au motif non contraire du juge des tutelles que Catherine T. a moins de seize ans, qu'elle est donc sous l'autorité parentale de ses parents qui ont le seul pouvoir de choisir son éducation religieuse et son baptême, étant mineure au regard de la loi jusqu'à l'âge de ses dix-huit ans accomplis ; et qu'en aucun cas elle ne peut se soustraire à une opposition formelle de l'un de ses parents, étant précisé que l'autre entend s'abstenir en la matière ; qu'en conséquence, en l'état des choses et au vu des éléments du dossier, il convient de faire droit à Brigitte T. et à son opposition au baptême de Catherine ;

Alors qu'une personne âgée de plus de quinze ans a une autonomie religieuse telle qu'elle est en droit, sauf circonstances particulières nullement relevées en l'espèce, d'exprimer un choix personnel s'agissant de sa religion, choix de nature à lier le juge des tutelles saisi par l'un des parents malgré l'adhésion de l'autre au choix de l'enfant ; qu'en décidant le contraire nonobstant la volonté clairement exprimée de la personne d'être baptisée selon la religion des Témoins de Jéhovah, le Tribunal

de grande instance, a violé par refus d'application l'article 9 de la Convention de Sauvegarde des droits de l'Homme et des libertés fondamentales, ensemble l'article 1 de la loi du 9 décembre 1905 et les articles 371-2 et 372-1 du Code civil.
Et alors que c'est à tort que le Tribunal croit pouvoir affirmer que le baptême dans le cadre de la religion des Témoins de Jéhovah d'un enfant âgé de plus de 16 ans au moment où il statuait, ne pouvait être le fait que d'un adulte, du moins lorsqu'il s'agit d'une conversion : qu'ainsi ont été derechef violés les textes cités au précédent élément de moyen."

SECOND MOYEN DE CASSATION (subsidiaire par rapport au premier)

" Il est reproché au jugement attaqué d'avoir décidé que c'était à juste titre que la mère d'une mineure de seize ans s'opposait à son baptême dans le cadre de la religion des Témoins de Jéhovah ;
(...)
Alors que d'une part, il ne résulte ni du jugement ni de l'ordonnance du juge des tutelles qu'ait été pris en compte l'intérêt de l'enfant puisque les juges du fond se bornent à faire état de considérations générales ; qu'ainsi le jugement querellé est privé de base légale au regard des articles 371-2 et 372-1 du Code civil ;

Alors que d'autre part, il résulte du jugement que la jeune Catherine T. a été entendue, qu'elle a confirmé qu'elle voulait être baptisée au plus vite, que la pratique religieuse qu'elle exerçait depuis de nombreuses années ne lui était d'aucun poids, ne nuisait en rien à ses résultats scolaires, ne l'empêchait pas d'avoir des amis de son âge, de faire du dessin et du tennis ; qu'en ne tenant aucun compte de ces données régulièrement entrées dans le débat, données essentielles pour apprécier l'intérêt de l'enfant au regard d'une liberté aussi fondamentale que la liberté du choix de sa religion, le Tribunal prive derechef son jugement de base légale au regard des articles précités du Code Civil, ensemble de l'article 9 de la Convention Européenne de Sauvegarde des Droits de l'Homme et des Libertés Fondamentales et le l'article 1° de la loi du 9 décembre 1905."
(...)
Mais attendu que c'est dans l'exercice de leur pouvoir souverain d'appréciation de l'opportunité de faire procéder immédiatement au baptême de Catherine T que les juges du fond, qui ont relevé que celle-ci née de parents catholiques et avait été baptisée dans leur religion, ont estimé qu'il convenait d'attendre qu'elle soit devenue majeure pour exercer son choix ; d'où il suit qu'en aucune de leurs diverses branches, les moyens ne peuvent être accueillis ;"

Conseil d'Etat 24/04/1992 Département du Doubs contre F. (Extraits)

"Considérant qu'aux termes de l'article 63 du code de la famille et de l'aide sociale : "Les pupilles de l'Etat peuvent être adoptées ... par des personnes agréées à cet effet, dans les conditions fixées par décret, par le responsable du service de l'aide sociale à l'enfance" ; qu'aux termes de l'article 4 1° alinéa, du décret du 23 août 1985 relatif à l'agrément des personnes qui souhaitent adopter un pupille de l'Etat " Pour instruction de la demande, le responsable du service de l'aide sociale à l'enfance fait procéder à toutes les investigations permettant d'apprécier les conditions d'accueil que le demandeur est susceptible d'offrir à des enfants sur les plans familial, éducatif et psychologique" ; qu'en vertu de l'article 100-3 du code de la famille et de l'aide sociale les dispositions précitées sont applicables aux personnes qui souhaitent accueillir, en vue de son adoption, un enfant étranger ;
Considérant que par une décision du 15 décembre 1997, confirmée sur recours gracieux par le président du conseil général du Doubs le 11 juillet 1998, le directeur des actions sociales du département a rejeté la demande d'agrément aux fins d'adoption présentée par M. et Mme F. en raison de prises de position des intéressés sur des problèmes de santé pouvant entraîner certains risques ; qu'il ressort des pièces du dossier que M. et Mme F. ont fait connaître sans ambiguïté à l'administration, dans le recours gracieux qu'ils lui avaient adressé, qu'ils adhéraient personnellement à la doctrine des Témoins de Jéhovah en matière de transfusion sanguine et qu'ils étaient opposés à l'usage de cette méthode thérapeutique ; que, par suite, en estimant que les intéressés ne présentaient pas des garanties suffisantes en ce qui concerne les conditions d'accueil qu'ils étaient susceptibles d'offrir à des enfants sur les plans familial, éducatif et psychologique, le président du conseil général du Doubs n'a pas fait une inexacte application des dispositions législatives et réglementaires précitées ;
Considérant qu'il résulte de ce qui précède que c'est à tort que, pour annuler les deux décisions des 25 décembre 1997 et 11 juillet 1998, le tribunal administratif de Besançon s'est fondé sur la circonstance que l'administration aurait retenu à l'encontre de M. et Mme F. des positions adoptées par les Témoins de Jéhovah sur des questions médicales sans rechercher quelle était la position personnelle des intéressés ; (...)
Considérant que M. et Mme F. ne sont pas fondés à soutenir que les décisions contestées qui, comme il a été dit ci-dessus, sont fondées sur l'insuffisance des garanties offertes en ce qui concerne l'accueil d'un enfant, et non sur l'appartenance des intéressés à une confession, auraient méconnu les dispositions de l'article 10 de la Déclaration des Droits de l'Homme et du citoyen de 1789 en vertu desquelles : " Nul ne doit être inquiété pour ses opinions, même religieuses";
(...)
Décide :
Article 1° : Le jugement du tribunal administratif de Besançon est annulé.
Article 2 : La demande présentée par M. et Mme F. est rejetée."

Cour d'appel de Lyon 28/03/1997 (extraits)

" Attendu qu'il est exact que la liberté de croyance est un des éléments fondamentaux des libertés publiques françaises exprimées dans l'article 10 de la Déclaration des droits de l'homme et du citoyen de 1789 : *"nul ne doit être inquiété pour ses opinions, même religieuses, pourvu que leur manifestation ne trouble pas l'ordre public établi par la loi"* (...); que l'article 1° de la loi du 9 décembre 1905 concernant la séparation de l'Eglise et de l'Etat précise que la République assure la liberté de conscience et garantit le libre exercice des cultes sous les seules restrictions édictées dans l'intérêt de l'ordre public (...); que l'article 9 de la Convention européenne de sauvegarde des droits de l'homme et des libertés fondamentales (...) réaffirme le principe de manifester sa religion sous les seules restrictions résultant des nécessités de la sécurité publique, de l'ordre public, de la santé ou de la morale publique."

" Attendu qu'il est vain, dès lors, de s'interroger sur le point de savoir si l'Eglise de scientologie constitue une secte ou une religion, la liberté de croyance étant absolue; que dans la mesure où une religion peut se définir par la coïncidence de deux éléments, un élément objectif, l'existence d'une communauté, même réduite, et un élément subjectif, une foi commune, l'Eglise de scientologie peut revendiquer le titre de religion et développer en toute liberté, dans le cadre des lois existantes, ses activités y compris ses activités missionnaires, voire de prosélytisme (...)."

DENOMBREMENT DES ADEPTES DES SECTES EN 1995 PAR L'UNADFI

	Adeptes en France	**Adeptes dans le monde**
Alliance universelle	1000	2000
Antoinistes	2500	200 000
Communauté des Chrétiens	300	80 000
Eglise du Christ de Paris	700	
Eglise du Christ scientiste	800	480 000
Eglise évangélique de Pentecôte de Besançon	500	
Eglise néo-apostolique	17 700	7 187 000
Eglise universelle de Dieu	300	100 000
La famille (ex Enfants de Dieu)	250	12 000
Fraternité blanche universelle	20 000	
Krishna	1000	80 000
IVI	7000	
Longo mai	200	
Mahikari-Sukyo Mahikari	15 à 20 000	500 000
Mandarom ou Chevaliers du Lotus d'or	2000	
MT Méditation transcendantale		3 500 000
Moon ou association du Saint-Esprit pour l'Unification mondiale	500	180 000
Mormons ou Eglise de Jésus Christ des Saints des derniers jours	25 000	8 406 985
Mouvement du Graal	980	9000
Mouvement parti humaniste	200	
Nouvelle acropole	10 000	
Raja Yoga ou Organisation spirituelle des Brahma Kumaris	200	
Ram Chandra mission	60 précepteurs pour 600 "Abhlasys"	
Raëliens	1000	20 000
Sahaja Yoga Matapi	200	
Saint Erme	350	
Scientologie	1000 + 6000 clients	11 000 000
Sokka Gakkai + Nichiren Soshu	6000	17 000 000

TYPOLOGIE DES SECTES DONT LE NOMBRE D'ADEPTES EST SUPERIEUR A 500

Nom de la secte	Type dominant	Type associé
Alliance universelle	Evangélique	Guérisseur
ANTHROPOS	Nouvel Age	Guérisseur
Association des Témoins de Jéhovah	Apocalyptique	Guérisseur
Association Lucien J. Engelmajer	Guérisseur	Psychanalytique
Association SRI Chinmoy de Paris	Orientaliste	
Association Subud de France-Susila Dharma France	Orientaliste	Syncrétique
CEDIPAC SA (ex-GEPM)	Evangélique	
Chevalier du Lotus d'or	Syncrétique	
Communauté des petits frères et des petites soeurs du Sacré-Coeur	Pseudo catholique	
Culte Antoiniste	Guérisseur	Syncrétique
Domaine d'Ephèse	Syncrétique	Nouvel Age
Eglise de Scientologie	Psychanalytique	Guérisseur
Eglise évangélique de Pentecôte de Besançon	Evangélique	Guérisseur
Eglise néo-apostolique de France	Evangélique	Guérisseur
Eglise universelle de Dieu	Apocalyptique	Evangélique
Eglise universelle du royaume de Dieu	Guérisseur	Evangélique
Eglise du Christ international en France	Apocalyptique	Evangélique
Energie humaine et universelle	Nouvel Age	Guérisseur
Fraternité blanche universelle	Syncrétique	Guérisseur
Fraternité Notre Dame	Pseudo-catholique	
Institut de science védique maharishi	Orientaliste	Guérisseur
Invitation à la vie intense	Pseudo-catholique	Guérisseur
L'oeil s'ouvre	Apocalyptique	Guérisseur
La maison de Jean	Nouvel Age	Syncrétique
La parole de la foi - Evangélisation mondiale	Evangélique	Guérisseur

Mouvement du Graal en France	Guérisseur	Occultiste
Mouvement Raëlien	Ufologique	Guérisseur
Shri Ram Chandra Mission France	Orientaliste	
Société internationale de trilogie analytique	Psychanalytique	Guérisseur
Soka Gakkai internationale France	Orientaliste	
Union des associations centres et groupes Sri Sathya Szi	Guérisseur	Orientaliste
Université spirituelle internationale des Brahma Kumaris	Apocalyptique	Orientaliste
Vie Chrétienne en France	Evangélique	Guérisseur
Viswa Nirmala Dharma - Sahaja Yoga	Orientaliste	Apocalyptique

TABLE DES MATIERES

Le présent ouvrage est la transcription du mémoire réalisé en 1998 dans le cadre du D.E.A de Droit privé dirigé par le professeur Jean Hauser avec la collaboration de M. Patrick Nicolleau.

Merci à eux.
Merci à Nathalie pour son aide.

Collection Logiques Juridiques
dirigée par Gérard MARCOU

JACQUOT Henri, MARCOU Gérard, *L'urbanisme transfrontalier droit et pratique*, 1998.
FABRE-GUILLEMANT Raphaële, *Les réformes administratives en France et en Grande-Bretagne : centres de responsabilité et agences d'exécution*, 1998.
ROUXEL Jean-Yves, *Le Saint-Siège sur la scène internationale*, 1998.
MOQUET-ANGER Marie-Laure, *De l'hôpital à l'établissement public de santé*, 1998.
BEN LETAIF Mustapha, *L'Etat et les entreprises publiques en Tunisie*, 1998.
GROS Manuel, *Droit administratif*, 1998.
TEISSIER-ENSMINGER Anne, *Autos, panneaux, signaux*, 1998.
LE BRAZIDEC Gwénaël, *René Capitant, Carl Schmitt : crise et réforme du parlementarisme*, 1998.
PROUTIÈRE-MAULION Gwénaèle, *La politique communautaire de réduction de l'effort de pêche des Etats membres*, 1998.
BEURDELEY Laurent, *Politique agricole commune et fraudes aux dépenses agricoles de l'union européenne*, 1998.
DUBOURG-LAVROFF S. et DUPRAT J.P. (eds.), *Droits et libertés en Grande-Bretagne et en France*, 1999.
SAISON Johanne, *Le risque médical*, 1999.
DECRETON Séverine (éd.), *Service public et lien social*, 1999.
HUNOUT Patrick, *Droit du travail et culture sociale, l'exemple allemand*, 1999.
JEANNIN L., MENEGHINI M., PAUTI C., POUPET R., *Le droit d'asile en Europe*, 1999.
MBONGO Pascal, *La gauche au pouvoir et les libertés publiques (1981-1995)*, 1999.
DJUIDJE Brigitte, *Pluralisme législatif camerounais et droit international*, 1999.
CUSTOS Dominique, *La Commission fédérale américaine des communications à l'heure de la régulation des autoroutes de l'information*, 1999.
FORTIN Yvonne (ed.), *La contractualisation dans le secteur public des pays industrialisés depuis 1980*, 1999.
SOCIETE FRANÇAISE POUR LE DROIT DE L'ENVIRONNE-MENT, *La chasse en droit comparé*, 1999.

Collection Logiques Juridiques
dirigée par Gérard MARCOU

MARCOU G (sous la direction de), *Ouvrage collectif, Mutations du droit de l'administration en Europe*, 1995.
SOUBIRAN-PAILLET F., POTTIER M.-L., *De l'usage professionnel à la loi*, 1996.
ETEKA V., *La Charte Africaine des Droits de l'Homme et des Peuples. Etude comparative*, 1996.
BERGERON G, *Tout était dans Montesquieu, une relecture de L'Esprit des lois*, 1996.
STRUILLOU J.-F., *Protection de la propriété privée immobilière et prérogatives de puissance publique*, 1996.
DUTRIEUX D. et HENON J.-O., *Les bibliothèques juridiques parisiennes - Guide pratique*, 1996.
VALDMAN E., *Pour une réforme de la Cour d'Assises*, 1996.
RABAULT H., *L'interprétation des normes, l'objectivité de la méthode herméneutique*, 1997.
DEL CONT C., *Propriété économique, dépendance et responsabilité*, 1997.
LOPEZ C., *Les pouvoirs d'investigation de l'administration fiscale en France et au Canada*, 1997.
LASCOMBE M., *Droit constitutionnel de la Ve république*, Cinquième édition revue et mise à jour, 1997.
LAVIEILLE Jean-Marc, *Droit international du désarmement et de la maîtrise des armements*, 1997.
GAXIE Daniel, *Enjeux et contradictions de l'administration territoriale, Luttes d'institutions*, 1997.
MARCOU Gérard, RANGEON François, THIEBAULT Jean-Louis (dir.), *La coopération contractuelle et le gouvernement des villes*, 1997.
DREYFUS Jean-David, *Contribution à une théorie générale des contrats entre personnes publiques*, 1997.
GAMDJI Mohamadou, *La sécurité du chèque*, 1997.
BRIAL Fabien, *Décentralisation territoriale et coopération internationale : le cas de l'Outre-mer français*, 1997.
HERZOG EVANS Martine, *La gestion du comportement du détenu. Essai de droit pénitentiaire*, 1998.
CISSE Abdoullah, *Musulmans, pouvoir et société*, 1998.
ORFILA Gérard, *La Nouvelle-Calédonie et le droit*, 1998.
CLAVIER Jean-Pierre, *Les catégories de la propriété intellectuelle à l'épreuve des créations génétiques*, 1998.

Collection Logiques Juridiques
dirigée par Gérard MARCOU

Collectif, *Les droits de l'Homme : universalité et renouveau, 1789-1989*, 1990.
BOUTET Alain , *L'Etat de Droit*, 1991.
SIMON J.-P., *L'esprit des règles*, 1991.
ASSOCIATION INTERNATIONALE DES JURISTES DEMOCRATES, *Les Droits de l'Homme : universalité et renouveau, 1789-1989*, 1990.
BOUTET D., *Vers l'Etat de Droit*, 1991.
SIMON J.P., *L'Esprit des règles : réseaux et réglementations aux Etats-Unis*, 1991.
ROBERT P., *Les politiques de prévention de la délinquance à l'aune de la recherche*, 1991.
ROBERT P. (sous la direction de), *Entre l'ordre et la liberté, la détention provisoire, deux siècles de débats*, 1992.
LASCOMBE M., *Droit constitutionnel de la Ve République*, 1992.
HAMON F., ROUSSEAU D., (sous la direction de), *Les institutions en question*, 1992.
LOMBARD F., *Les jurés. Justice représentative et représentations de la justice*, 1993.
BROVELLI G., NOGUES H., *La tutelle au majeur protégé, La loi de 68 et sa mise en œuvre*, 1994.
NIORT J.-F, VANNIER G. (sous la direction de), *Michel Villey et le droit naturel en question*, 1994.
COUTURIER I., *La diversification en agriculture*, 1994.
BOUDAHRAIN A., *Eléments de droit public marocain*, 1994.
RAYNAL M., *Justice traditionnelle - Justice moderne. Le juge, le devin, le sorcier*, 1994.
DUBOURG-LAVROFF S., PANTELIS A., *Les décisions essentielles du Conseil institutionnel*, 1994.
VOLMERANGE X., *Le fédéralisme allemand et l'intégration européenne*, 1994.
BONGRAIN M., *L'assistant de service social et l'enfant maltraité*, 1994.
PROUDHON P.-J., *Théorie de l'impôt. Texte commenté et présenté par Thierry Lambert*, 1995.
DESURVIRE D., *Le timeshare ou la multipropriété échangée*, 1995.
LAVENUE J.-J., *Dictionnaire de la vie politique et du droit constitutionnel américain*, 1995.
MIAILLE M., *La régulation entre droit et politique*, 1995.